夢文庫

［クラシック］

名曲
謎解きミステリー

あのクラシックの名曲に隠された驚きの真実とは….

夢プロジェクト［編］

河出書房新社

あの名曲には、驚くべきミステリーが秘められていた！——まえがき

クラシック音楽は、かたくるしい、よくわからないなどと、なかなか親しみにくく、敬遠されがちである。ところが二〇〇六年、モーツァルトの生誕二五〇周年でブームに火がつき、また、音大生を主人公にした漫画やテレビドラマが大ヒット。これまで縁のなかった格調高く高貴な雰囲気に、多くの人が魅了されることとなった。だが、こうした華やかな世界の陰に、名曲や巨匠たちを取り巻く数々のミステリーが存在することを、ご存じだろうか。

たとえば、「『レクイエム』を注文し、モーツァルトを死に導いた男の謎」「シューベルトの『未完成交響曲』は、なぜ未完に終わったのか」「日本を訪れたことのないプッチーニが、どうやって和風オペラ『蝶々夫人』をつくり得たのか」「大作曲家ヴィヴァルディが、なぜ貧しい最期を迎えたのか」などなど……。

本書を読めば、だれもが一度は耳にしたことのある名曲の陰に、深い謎と衝撃の真相が秘められていることに、驚かされるにちがいない。と同時に、これらのミステリーを解き明かしたときにはじめて、名曲の本当の素晴らしさを実感できることだろう。

夢プロジェクト

名曲謎解きミステリー◆もくじ

1章

名曲に秘められた謎のメッセージを解く

●例えば、『魔笛』に隠されたモーツァルトの死の理由とは？

2章

名曲と作曲家の迷宮事件を追う

●例えば、バッハとヘンデルの失明に関わった共通の人物とは？

3章

ミステリアスすぎる天才の素顔と人生に迫る

●例えば、耳の不自由なベートーヴェンが作曲できた秘密って？

4章

名曲に翻弄された男と女の物語をよむ

5章

あの楽曲が生まれた意外な真相を探る

●例えば、ショパンの『別れの曲』は別れをイメージした曲ではない?!

カバー写真★㈱アマナイメージズ
本文イラスト★★樋口太郎
★所ゆきよし
協力★ロム・インターナショナル

1章

名曲に秘められた謎のメッセージを解く

●例えば、『魔笛』に隠された
モーツァルトの死の理由とは?

ブラームスが弦楽六重奏曲に込めた ある女性への想いとは

ドイツの作曲家ヨハネス・ブラームスの弦楽六重奏曲第二番には、『アガーテ』という別称がある。日本で一般的に使われている「ド・レ・ミ……」のほかに、西洋にはアルファベットの音名が存在するのだが、この曲のなかには、ヴァイオリンの音で「a・g・a・d・h・e（アガーテ）」の文字が隠されている。

この『アガーテ』とは、いったい何を意味するのか。

まるで暗号のようなこの謎の答えは、アガーテ・フォン・ジーボルトという女性の名前である。

一八五八年の夏、ブラームスは、ゲッティンゲンに住む友人オットー・グリムを訪ね、そこでアガーテに出会った。グリムが地元の管弦楽団の音楽監督を務めていた関係で、グリム家には多くの音楽愛好家が出入りしており、アガーテもその来訪者のひとりだった。

彼女はプロ並みの美声と技術をもっていたが、ブラームスが惹かれたのは、彼女の長い黒髪だったという。ふたりは急速に親しくなり、ブラームスが自分の住むデ

トモルトに帰るころには将来を誓い合う仲になっていた。

デトモルトに戻ってからも、ブラームスはアガーテを想いつづけていたが、恋と仕事の両立は、彼にとってむずかしかったのかもしれない。新作のピアノ協奏曲第一番が不評に終わったのだ。そのことで落ち込んでいたとき、友人のグリムから、アガーテとの婚約を正式に進めるようにという手紙が届いた。

ここでブラームスに迷いが生じる。彼女に背を向けて音楽ひと筋に生きるべきか、それとも彼女と人生をともにするべきか。

心を決められないまま、ブラームスはアガーテに手紙を書く。「愛しているが束縛（そくばく）されたくない」と断ったうえで、「あなた

ブラームス（ドイツ）
ロマン派だが古典主義に立脚し、「新古典派」ともいわれる。４つの交響曲をはじめ、ピアノ協奏曲、ヴァイオリン協奏曲、室内楽曲、ピアノ曲、声楽曲など。

を愛しますと言うために、あなたの許へ戻っていってよいか、あなたのお考えを聞かせてください」（『ブラームス伝説』高田昌彦、鳥影社）と、婚約するかどうかの決断を、アガーテにゆだねたのである。

自分がブラームスの支えになっていると信じていたアガーテは、苦しいときに頼られるどころか、「束縛されたくない」といわれて、自尊心を傷つけられ、別れの手紙を書いた。

いわば、自分のほうからアガーテを捨てたブラームスだが、失恋の痛手は長く尾を引いた。そこでブラームスは、彼女にたいする想いを解放すべく、『アガーテ』を作曲し、ヴァイオリンの音で彼女に呼びかけたといわれる。

この曲を書くことでふたりの恋愛に終止符を打ったブラームス。それほど愛していたのなら、どうして結婚をためらい、彼女を拒絶するにも等しい手紙を書いたのだろうか。『アガーテ』に隠された名前の謎は解き明かされても、ブラームスの心のなかは謎のままだ。

ところで、このアガーテ・フォン・ジーボルトは、日本とも意外なつながりがある。彼女は江戸時代後期に医師として来日したフィリップ・フランツ・フォン・シーボルトの親戚なのだと、日本ブラームス協会の坂本政明氏が、『ブラームスの「実像』（音楽之友社）のなかで述べている。ジーボルトは、日本では「シーボルト」と発音されているが、ドイツ語の正しい発音では「ジーボルト」となる。彼の父の弟が、アガーテの祖父にあたるという。

とすれば、もしブラームスがアガーテと結婚していたら、ブラームスはシーボルトと姻戚関係になっていたということである。

不吉な交響曲第九番に翻弄されつづけたマーラーの生涯

作曲家が複数の交響曲を作曲した場合、通常は、つくった順に「第一番」「第二番」……と番号をふっていく。

グスタフ・マーラーの場合も、やはり作曲順に番号をつけて発表しているが、九番目と一〇番目の交響曲は変則的だ。彼は、九番目の交響曲に『大地の歌』と名づけ、一〇番目の交響曲を交響曲第九番としたのである。

九番目の交響曲に『大地の歌』の標題をつけたいのであれば、交響曲第九番『大地の歌』というふうに、番号と標題は同時につけてかまわない。じっさいベートーヴェンの交響曲のように（交響曲第三番『英雄』など）、番号と固有名の両方で呼ばれている曲も多い。

それなのに、九番目の交響曲を「第九」と呼ぶのを避けたのはなぜだろうか。

この理由については、マーラーが「死」を意識していたからだといわれる。

マーラーは、「不吉だ」といやがる妻の反対を押し切って、ドイツの詩人フリードリヒ・リュッケルトの詩に音楽をつけた歌曲集『亡き子をしのぶ歌』を発表したところ、五歳の長女を病気で亡くしてしまうという不幸な体験をしている。そんなマーラーにとって、交響曲第九番というのは、なんとも不吉な題名だったのだ。

ベートーヴェンは交響曲第九番を発表した四年後に亡くなっているし、ドヴォルザークも、交響曲第九番『新世界より』が最後の交響曲になった。

こういった先人たちを意識した結果、マーラーは、「交響曲第九番を作曲することで自分も死んでしまうのではないか」と考えるようになったのである。

マーラー（オーストリア）
各地の歌劇場の指揮者でもあった。後期ロマン派の頂点を築く数々の交響曲をはじめ、歌曲『さすらう若人の歌』『亡き子をしのぶ歌』などがある。

そのため、マーラーは、九番目の交響曲である『大地の歌』には番号をつけなかった。やがて『大地の歌』が無事完成し、さらに次の交響曲が一九一〇年に書き上がると、彼はすっかり安心して、その曲に交響曲第九番と名づけたのだという。

これが事実かどうかは定かでないが、マーラーが縁起(えんぎ)をかついでいたのなら、皮肉な結果になったといわざるをえない。なぜなら、彼も完成させた交響曲は九番までになってしまったからである。彼は交響曲第九番を発表した翌年の一九一一年、交響曲第一〇番になるはずだった一一番目の交響曲を作曲している途中で亡くなってしまう。

もし一〇番目の交響曲が、本来の番号どおり交響曲第一〇番になっていれば、彼はもっと長生きできたのではないだろうか。なにやら因縁めいた、不気味な話である。

『魔笛』に隠された モーツァルトの死の理由とは

オペラ『魔笛（まてき）』は、ヴォルフガング・アマデウス・モーツァルトが晩年につくった大傑作（けっさく）として知られている。さらわれた王女を救出するため、さまざまな試練を乗り越えながら成長していく王子の姿を描いた寓話（ぐうわ）的な物語である。

『魔笛』の作曲を依頼したのは、ウィーン郊外のヴィーデンにある劇場を経営していたやり手の興行師（こうぎょうし）エマーヌエル・シカネーダーだった。

一七九一年のある日、シカネーダーは、自分で『魔笛』の台本を書き、付き合いのあったモーツァルトに作曲を依頼した。シカネーダーの劇場は大衆向けの芝居小屋で、上流階級向けの宮廷オペラで評判を得ていたモーツァルトには異質の仕事だったが、当時の彼は経済的に切迫していたため、快く引き受けた。

このオペラは上演まもなく大評判となったが、多くの謎を秘めた作品でもあった。

当時の大衆向けオペラでは、魔法の世界を描いた物語や派手な仕掛けを施した舞台がはやっており、『魔笛』もたしかにその流行に乗っている。

しかし、ほかの大衆向けオペラが単純なストーリーなのにたいして、『魔笛』では、登場時は善玉の「夜の女王」と悪役の「ザラストロ」が、途中で善悪逆転するなど、筋が複雑だ。しかも、試練に挫折した「パパゲーノ」が、どういうわけか恋人を得てしまうなど、ストーリーが掟やぶりである。

このように、『魔笛』が当時の慣例に即した単純な筋立てでなく、支離滅裂で複雑な内容に仕立てられているのは、秘密結社フリーメーソンが関係しているからだとみる向きが多い。歌詞の内容をはじめ、音階やリズムなど、『魔笛』には随所にフリーメーソンの秘儀がちりばめられているというのだ。

『魔笛』では、三人の侍女、三人の少年、三つの神殿など、「三」という数字がしばしば登場する。この「三」は、フリーメーソンにとって神聖とされる数字である。

しかも、たんに数字が符合するだけではない。「三」の用い方が、フリーメーソンの儀式を連想させる箇所もある。『魔笛』では、序曲の半ばで音楽がいったん止まったあと、ゆっくりとしたテンポで三つの和音が三回つづくのだが、フリーメーソンの儀式でも、ドアを三回ノックす

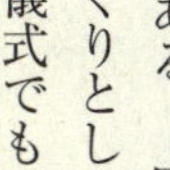

モーツァルト（オーストリア）
生涯に600以上の曲を書き、ウィーン古典派の様式を確立した。歌劇『フィガロの結婚』『ドン・ジョバンニ』『魔笛』ほか、多くの交響曲、協奏曲、室内楽曲がある。

ることが重要な意味をもつ。

さらに、『魔笛』の第二幕第二八場で、鎧(よろい)の男たちが主人公タミーノとその恋人パミーノにピラミッドに彫られた文字を読んで聞かせる場面は、フリーメーソンの三三の位階中の第一八位階「薔薇(ばら)十字の騎士(きし)」のことを示しているといわれる。それればかりか、第二幕第三〇場は第三〇位階、第三三場は、なんと最高位階を象徴しているともいう。

フリーメーソンとは、古代エジプト的思想を教義とし、イギリスで結成された世界的組織といわれている。オーストリアやドイツでは中流・上流階級の親睦と精神修養のための団体という色彩が強く、王侯貴族や芸術家などにも会員が多かった。モーツァルトとシカネーダーは、ふたりともこのフリーメーソンの会員だった。

当時はロッジと呼ばれるフリーメーソンの支部が各地にあり、これに入会することがはやりでもあったというから、秘密結社というほどあやしげな組織でもなかったようだ。とはいえ、フリーメーソンの秘密の数々がオペラに取り入れられているとあっては、会員たちも肝をつぶしたことだろう。

『魔笛』の上演後ほどなくしてモーツァルトは病に倒れ、死を迎えたが、こうした事実を背景に、その死がフリーメーソンによる暗殺ではないかと噂(うわさ)されることにな

った。門外不出の秘密を暴露したことで、怒ったフリーメーソンが刺客を送り込んだというのである。

しかし、これには疑問が残る。秘密を暴露したためにモーツァルトが殺されたのなら、台本を書いたシカネーダーにも魔の手がのびるはず。だが、シカネーダーは天寿をまっとうしているのだ。

それより、『魔笛』にフリーメーソンの儀式が盛り込まれているのは、フリーメーソンの幹部たちの意志によるものと考えたほうが適切かもしれない。

当時、フリーメーソンの会員は上流階級に多く、一般庶民には浸透していなかった。だから、『魔笛』を通して、庶民に何かを伝えようとしたのだ。モーツァルトのオペラとなれば、多くの観客がつめかける。そこで、モーツァルトに作曲させたという推論である。

いずれにしても、モーツァルトがフリーメーソンに暗殺されたという可能性は低そうである。

となると、モーツァルトの死因はやはり病死だったのか。それともフリーメーソン以外の者による暗殺だったのか。巷（ちまた）ではモーツァルトのライバルだった作曲家サリエリによる毒殺説がよくいわれているが、いずれの説も確証がなく、真偽のほどはわからない。ただ、ひとつだけ疑いようのない事実がある。それは、何があろうと『魔笛』は永遠の名曲だということである。

『謝肉祭』に秘められた シューマンの切ない想いとは

音の高さには、「ド、レ、ミ……」とか「イ、ロ、ハ……」など、便宜（べんぎ）上、音名が振り当てられている。「イ、ロ、ハ」は、もちろん日本固有の音名で、西洋にはアルファベットの音名が存在することは前に述べたとおりである。

この音名を、暗号のように用いた曲がある。神経質で内向的な性格の持ち主として知られる一九世紀ドイツの作曲家ロベルト・シューマンの『謝肉祭（しゃにくさい）』である。『謝肉祭』は、二〇曲の小品からなるピアノ曲集で、シューマンは一八三四年に曲づくりに着手して、一八三五年の謝肉祭に完成させた。

作曲家が、思い入れのある人物の名前や地名を音名に置き換え、自分の作品にそっとしのばせるという技法が使われた曲は、ブラームスの『アガーテ』のようにいくつかある。しかし、シューマンは、この『謝肉祭』のどこに、どんな暗号を織り込んだというのか。

シューマンは、『謝肉祭』に「四つの音符でつくられた小景」という副題をつけた。「四つの音符」とは、日本語の音名では「イ」「変ホ」「ハ」「ロ」、ドイツ語で表すと「A」「Es」「C」「H」の四音。『謝肉祭』の二〇の小曲は、この四つの音を中心にしてつくられており、それが一種の暗号になっているのだ。

四音のうち、「Es」を「S」とすれば、四文字で「ASCH（アッシュ）」という地名になる。アッシュは、南ドイツのザクセンとボヘミア（現・チェコ）の国境近くに位置する町。一八三四年、シューマンが二四歳のときに恋をした、一七歳の男爵令嬢エルネスティーネ・フォン・フリッケンの出身地である。

シューマンは、ライプツィヒ大学の学生だった二〇歳のときから、ピアノ教師フリードリヒ・ヴィークに弟子入りしており、エルネスティーネもまたヴィークの弟子となって、ヴィーク家に寄宿(きしゅく)していた。その

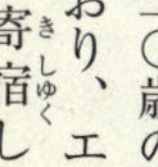

シューマン（ドイツ）
ロマン派を代表する作曲家のひとりであり、ピアニスト。数々のピアノ曲や『詩人の恋』『リーダークライス』『女の愛と生涯』などの歌曲、管弦楽曲など多数。

縁でふたりは親しくなり、結婚を誓い合うまでになったのだ。

しかし、ことはうまく運ばなかった。婚約したことが彼女の父の男爵に露見すると、男爵は怒って娘を自邸に連れ戻した。シューマンは彼女を追ってアッシュまで出かけたが、けっきょくどうすることもできず、あきらめるしかなかった。

そこで、彼女への想いを四つの音に託して『謝肉祭』を作曲し、もはや手の届かなくなった彼女の住むアッシュの町の名を読み込んだのである。『謝肉祭』の二〇の曲のうち、第一〇曲「ASCH-SCHA（踊る文字）」ではアッシュの町が、第一三曲「エストレラ」ではエルネスティーネへの想いが表現されている。

R・シュトラウスの『英雄の生涯』の「英雄」とはだれのこと？

曲名にある「英雄」とはいったいだれをさすのか。

そんな疑問を抱かせる曲がある。ドイツの作曲家リヒャルト・シュトラウスの交響詩『英雄の生涯』である。

クラシック音楽で「英雄」といえば、ベートーヴェンの交響曲第三番『英雄』が名高いが、この「英雄」がフランスのナポレオンをさしていることは有名だ。ベー

トーヴェンは当初、ナポレオンに献呈するつもりでこの曲を作曲した。ところが、共和主義の英雄と信奉していたナポレオンが皇帝になったことで、憤慨して献呈を取り消し、「ナポレオン」ではなく「ある英雄」の思い出のための曲に変更したという。

シュトラウスは、『英雄の生涯』と題した曲の作曲にあたってベートーヴェンの『英雄』を意識したらしく、『英雄』と同じ変ホ長調を中心調に選んでいる。しかし、シュトラウスの『英雄の生涯』は、ベートーヴェンの『英雄』と異なり、特定の人物に献呈されたものではない。

それでは、シュトラウスのいう「英雄」とはだれをさすのだろうか。

『英雄の生涯』の内容を見てみると、六部

リヒャルト・シュトラウス（ドイツ）
後期ロマン派から近代にかけての大家。歌劇『サロメ』『ばらの騎士』、交響詩『ドン・ファン』『英雄の生涯』『ツァラトゥストラはかく語りき』など。

構成になっている。一部はある芸術家の決意や理念、二部は批評家たちの嘲笑、三部は恋、四部は恋人に支えられての戦いと勝利、五部はそれまでの仕事の回想、六部は苦悩を克服しての引退となっている。

つまり、シュトラウスの「英雄」とは自分のことで、自分とは相容れない有象無象の批評家たちに叩きのめされるが、恋人を得て、その支えによって自己を確立し、大成するという物語なのである。

当時の聴衆には保守的な傾向があり、シュトラウスの前衛的な作風にたいしては、非難の声が強かった。そんな自分が世間と格闘する姿を英雄になぞらえて描いたとも受け取れるわけである。

しかし一方では、これにたいする異説も存在する。

ドイツ統一を実現した鉄血宰相ビスマルクや、皇帝ヴィルヘルム二世の姿も反映しているという説だ。当時のドイツは、ひとつの国として統一されたばかりで、イギリスやフランスなどに必死で追いつこうとしていた時代だから、そんな国の状況も関係しているのかもしれない。

シュトラウス自身は、自分を英雄あつかいしているのではないかという指摘にたいして、「一部はあたっている点もあるが、私は英雄ではない」と否定していたという。

そもそもこれは、まだ若い三四歳のときの作品。全体にユーモアあふれるものなので、一種のパロディと見たほうがいいだろう。

サン＝サーンスが『動物の謝肉祭』の出版を拒否した謎とは

一九世紀から二〇世紀にかけて活躍したフランスの作曲家カミーユ・サン＝サーンスは、わずか三歳にしてはじめての曲をつくったといわれる早熟の天才で、八六歳で没するまでに数多くの曲を残した。作曲だけでなく、フランス音楽界の指導者としても、鍵盤楽器のヴィルトゥオーソ（超絶技巧の奏者）としても才能を見せつけた人物である。

彼のつくった曲のなかで、もっとも広く親しまれているのが、組曲『動物の謝肉祭』だ。第一曲「序奏とライオンの行進」、第二曲「雄鶏と雌鶏」……と、さまざまな動物たちが登場する楽しい曲なので、子供のクラシック鑑賞の教材としても、よく用いられる。

これほど人気の高い名曲なのに、なぜかサン＝サーンスは、第一三曲の「白鳥」

の楽譜以外、自分の在命中に出版を許さなかった。組曲として世に出せば、名声はいっそう高くなっただろうに、彼はどうして出版を拒否したのだろうか。

『動物の謝肉祭』についてサン＝サーンス自身は、「友人のパーティー用に冗談のつもりで書いた曲だから、出版はやめてほしい」と語っていたという。

いくら冗談で書いた曲だからといって、これほどの名曲なら出版を控える必要はなさそうに思えるが、じつは、この曲でパロディーの対象となっているのは動物だけではなかった。第一一曲「ピアニスト」や第一二曲「化石」では、人間が風刺の対象とされているのだ。

「ピアニスト」では、ピアニストを皮肉る。

サン＝サーンス（フランス）
モーツァルトと並び称される神童タイプ。２歳でピアノを弾き、３歳で作曲、16 歳で交響曲を書いたといわれる。『動物の謝肉祭』『オルガン付き』などが有名。

たとえ技術的に優れた有名ピアニストであっても、この曲を演奏するときには、初心者のような不器用さで、故意にまちがえながら弾かなければならない。

また、「化石」には、自作の交響詩『死の舞踏』の旋律や、ロッシーニのオペラ『セビリアの理髪師』のアリアなどが登場する。それらの曲は、みな化石のように聞き古された音楽だということを隠喩しているのである。

これを出版してしまうと、未熟なピアニストたちや、ロッシーニのファンを激怒させるかもしれない。それに、自作をおとしめているのだから、自分のファンからもひんしゅくを買ってしまうかもしれない……、サン＝サーンスは、そういったことを危惧して出版を拒絶したのではないかといわれている。

『わが生涯より』にはスメタナを襲う恐怖が表現されていた

「チェコ音楽の父」といわれ、チェコ国民音楽の始祖として尊敬をあつめるベドルジハ・スメタナは、晩年に弦楽四重奏曲を二曲つくった。

そのうち一八七六年につくられた『わが生涯より』では、フィナーレでヴァイオリンの甲高い音が妙に長く伸ばされる。

これは聴き手を不安に陥(おとしい)れるような終わり方だが、スメタナは何を表現しようとしたのだろうか。

『わが生涯より』は、そのタイトルどおり、スメタナ自身の生涯を回想した曲である。四楽章のうち、第一楽章は情熱的でロマンティックな青春と、将来への不安を描き、第二楽章は青春時代の思い出、第三楽章は妻との初恋を表している。それにつづく最後の第四楽章はというと、スメタナの身に栄光と悲劇が訪れる時代を描いている。

若き日のスメタナの音楽は、郷里のチェコで認められることはなかった。そのため彼は、数年間、スウェーデンのイェーテボリ管弦楽団に就職したり、各地を旅行するなどして、外国で生活していた。

なかなか芽の出なかったスメタナだが、一八六一年に帰国してからは才能を認められはじめ、チェコ民族を代表する作曲家として名声を広めていった。その輝かしい成功が、第四楽章で表されているのである。

しかし、彼の幸福は長くはつづかない。

一八七四年になって、スメタナは大きな災厄に見舞われることになる。全身に発疹(ほっしん)が出たかと思うと、耳の調子が悪くなったり、めまいを起こ

スメタナ（チェコ）
祖国への愛着と独立への情熱を歌い、チェコ国民音楽を確立。歌劇『売られた花嫁』、連作交詩曲『わが祖国』（高い城、モルダウほか）など。

したり……。そのうえ幻聴や耳鳴りに悩まされるようになり、聴力が急激に低下しはじめた。こういった症状はときおり軽快するものの、すぐまたぶり返し、しだいに悪化していった。

スメタナを襲ったのは、おそらく梅毒（ばいどく）だろうといわれており、初期の発疹は梅毒性皮膚炎、さまざまな聴覚神経障害も梅毒によるものと推測されている。

やがて、聴力低下のために指揮者の仕事ができなくなったスメタナだが、音楽家としての能力が衰えることはなかった。作曲活動はそれまでよりも盛んになり、『わが生涯より』をはじめ、多くの名曲を生み出した。

とはいえ、音楽家にとって、聴覚の喪失はたいへんな痛手だったのだろう。『わが生涯より』の第四楽章のフィナーレで表現されているあのヴァイオリンの響きは、スメタナを襲った耳鳴りや聴力喪失の恐怖にちがいないだろう。

ドヴォルザークは、どの地を思い『新世界より』を作曲したのか

日本でとくに知名度が高い交響曲のひとつに、アントニン・ドヴォルザークの『新世界より』がある。この曲の二楽章には、「遠き山に日は落ちて……」という日本語

の歌詞がつけられ、唱歌としても親しまれている。

これを作曲したドヴォルザークは、ボヘミア（現・チェコ）を代表する作曲家で、一八九二年から三年半、ニューヨークの音楽院に院長として迎えられた。そのアメリカ在住時代につくったのが、『新世界より』である。

『新世界より』には、黒人霊歌やインディアンの民謡の旋律が取り入れられていると、よくいわれる。

しかし、その信憑（しんぴょう）性に関しては疑問が残る。ドヴォルザーク本人が、「アメリカの旋律を使用しているなど、でたらめもはなはだしい」と否定したという話が伝わっているのである。

『新世界より』という曲名を聞けば、当時ヨーロッパ人に「新世界」と呼ばれていたアメリカのことを想起するのがふつうだろう。

しかし、ドヴォルザークは、アメリカよりも故郷のボヘミアを愛していた。

ニューヨーク音楽院からの招聘（しょうへい）を受けたときにも、故郷を離れる決心がつかずに何度も断っている。

ドヴォルザーク（チェコ）
チェコ国民音楽を確立。交響曲『新世界より』、歌劇『ルサルカ』、ヴァイオリン協奏曲、チェロ協奏曲、スラヴ舞曲集、弦楽四重奏曲『アメリカ』など。

けっきょくは学校側の熱意にほだされ、妻子を連れて渡米したのだが、やはりボヘミアへの郷愁（きょうしゅう）は強かったようだ。

『新世界より』は、アメリカから、そんな故郷への慕情（ぼじょう）を表現した曲なのである。

じっさい、ドヴォルザーク自身は、『新世界より』の旋律は、ボヘミアのものだと断言していたとも伝わっている。

とはいえ、ドヴォルザークはアメリカにいるあいだ、ホームシックにばかりとらわれていたわけではない。黒人霊歌やインディアンの民謡に興味をもち、研究したりもしている。だから、『新世界より』がまったくその影響を受けなかったともいいきれない。アメリカの風土がドヴォルザークの深層心理にはたらきかけ、それが無意識に音楽に表れていると考えることもできるだろう。

『音楽の冗談』で、わざと稚拙に作譜した モーツァルトの真意とは

天才には変人が多い。変人であるがゆえに天才たりうるという逆説も成り立つかもしれないが、五歳にして作曲をはじめるなど、天才ぶりをいかんなく発揮していたモーツァルトに関しても、それは例外ではないようだ。

モーツァルトは、スカトロジー（糞尿譚（ふんにょうたん））を好んでいたという。彼の手紙には「便をする」「尿をする」「尻」「肛門」などといった表現が頻出し、いとこのベーズレにあてた手紙でも、いかがわしい糞尿譚を連発している。

また彼は、『おお、バカのマルティン』といった声楽曲をつくっているのだが、この曲の歌詞は、なんと、「おおバカのマルティン、おまえはなんというバカだ、おれのケツをなめろ」というような意味。こういった事実を知ると、数々の素晴らしい名曲を残した薄幸の天才作曲家というイメージが、すっかり崩れてしまいそうである。

モーツァルトの〝迷曲〟ぶりは、スカトロジー関連以外にもある。その名も『音楽の冗談』、または『村の楽士の六重奏』と題する曲だ。

これは、四楽章からなる器楽曲なのだが、曲の随所で音がはずれたり、奇妙な音を出したりして、極めてバランスが悪い。楽章の配分もアンバランスで、四楽章の曲であれば第一楽章と第四楽章が重要なのに、このふたつの楽章が短く、第二楽章と第三楽章が不自然なほど長い。

モーツァルトの曲だと知らずに聞けば、素人のつくった曲を素人が演奏していると思うだろう。

これは、やはり、『おお、バカのマルティン』と同様に、「変人」であるモーツァルト一流の冗談なのだろうか。

ところがじつは、この曲は、冗談というよりも、風刺のために書かれた曲のようだ。モーツァルトの生きた一八世紀にも、今日と同じくアマチュア音楽家が数多く存在した。

モーツァルトは、彼らアマチュアが音楽家を気取るのを不快に思い、皮肉ってやろうとして、この曲を作曲したといわれている。

そのため、音階をまちがえたり、ホルンがとつぜん変な音を出したりといったかたちで素人音楽のつたなさが誇張され、いかにもヘタな演奏が演出されているのである。

幼少のころから才能を発揮していたモーツァルトだけに、音楽家気取りの素人が演奏する稚拙さが、よほど耐えがたかったのだろう。

追悼曲か、賛歌か…ラヴェルの『クープランの墓』命名の謎

二〇世紀前半に活躍したフランスの作曲家モーリス・ラヴェルの大作に、ピアノ独奏曲として作曲され、のちにオーケストラ用に編曲された『クープランの墓』がある。

この曲は、題名から受けるイメージと、曲の雰囲気がかなりちがう。まるで追悼曲のようなタイトルなのに、それほど悲壮感が漂っていないのだ。作曲の経緯を知らなければ、だれもがこの題名と内容のギャップを不思議に思うことだろう。

まず、題名に用いられている「クープラン」だが、これは一八世紀フランスの作曲家フランソワ・クープランをさしている。ラヴェルは、ハープシコードという楽器の奏者ワンダ・ランドフスカが演奏したクープランの『ラルルキーヌ』を聴き、いたく気に入っていたという。

それでは、クープランへのオマージュとしてつくられたものなのかというと、そうではなく、題名の「クープラン」は、特定の人物をさすわけではないらしい。

クープランその人というより、一八世紀のフランス音楽に敬意を捧げたと、ラヴェル自身が明言しているのだ。

ラヴェルは、一八世紀のフランス音楽特有の音楽発想法に傾倒しており、『クープランの墓』には、それが反映されているといわれている。

自分が生まれるよりも前の時代の偉大な音楽家たちに敬意を捧げた曲なら、追悼より、むしろ賛歌(さんか)になる。「墓」ではあるが、悲しい感じがしないというのも無理はない。

しかしじつは、『クープランの墓』には、

ラヴェル（フランス）
印象主義と新古典風の作風をあわせもつ。バレエ音楽『ダフニスとクロエ』『ボレロ』、管弦楽曲『スペイン狂詩曲』、ピアノ曲『夜のガスパール』など。

追悼曲としての意味合いも多分にふくまれている。

ラヴェルは、一九一四年七月に『クープランの墓』の作曲に着手したが、この年、ヨーロッパは第一次世界大戦勃発という惨事に見舞われた。

すると彼は、作曲をつづけるより、戦争に参加する道を選んだ。四〇歳近い年齢だったにもかかわらず、みずから志願して戦場に赴（おもむ）いたのである。

戦場では、多くの戦友たちの死に直面したのだろう。戦争が終わって作曲を再開したとき、ラヴェルは、『クープランの墓』を構成する「プレリュード」「フーガ」「フォルラーヌ」「リゴドン」「メヌエット」「トッカータ」の六曲を、それぞれ亡き戦友たちに捧げている。

この曲は、戦友たちを追悼するための曲でもあり、曲名の「墓」は、戦場に散った友人たちの墓でもあったのだ。

一九一九年四月にこの曲が初演されたとき、ラヴェルは、ポルターガイスト（霊が物を動かす超常現象）が起こって、ピアノの脚（あし）が折れるというような騒ぎになるのではないかとすら思っていたという。

とはいえ、曲全体としての印象は、人生や音楽などをたたえる賛歌だ。題名にある「墓」を意識せずに聴いても、いっこうにかまわないのである。

ドビュッシーの『牧神の午後への前奏曲』に「前奏曲」しかない秘密

フランス最大の作曲家といわれているクロード・アシル・ドビュッシーの作品のなかでも、とりわけ高い評価を得ているのが、一八九四年に発表された『牧神の午後への前奏曲』である。

この曲は、親交のあったフランスの詩人ステファヌ・マラルメの詩『牧神の午後』から受けたイメージを、音楽で表現したものといわれている。ドビュッシーは、マラルメと知り合いになる以前から、この詩のファンだったようだ。

牧神というのは、山羊のような足をもつギリシア神話の神〝パン〟をさす。昼寝好きで好色な神の午後のまどろみを描写した曲だけに、美しくけだるい曲である。

しかし、この曲に関しては、不可解な点がひとつある。それは、『牧神の午後への前奏曲』という曲名にもかかわらず、そのあとにつづく曲がないことだ。モチーフとなった詩が『牧神の午後』なのであれば曲名も『牧神の午後』でよいはずだし、「前奏曲」とはいえ、詩の情景より時間的に早いわけではない。

じつはこの曲、もとは「前奏曲」「間奏曲」「終曲」から構成される長大な曲として構想されていたという。

当初の予定では、一八九四年にベルギーのブリュッセルに創立された「イザイ演奏会」で、創立者ウージェーヌ・イザイの指揮によって初演されるはずだった。しかし、「前奏曲」を書いたあと、ドビュッシーはどうしても先へ進めず、初演予定は流れてしまったのである。

その後も、ドビュッシーは、このつづきを書こうと頭を悩ませつづけたが、ついに「もうこれ以上書く必要はないのだ」という結論を出した。そこで、同年一二月二二日、「前奏曲」だけをパリで上演することになったのである。もし「間奏曲」と「終曲」がつくられていれば、曲名は『牧神の午後』となるべきだが、「前奏曲」だけなので、『牧神の午後への前奏曲』と題したというわけだ。

この初演は大成功を収め、牧歌的な情景をみごとに音楽で表したその表現力により、ドビュッシーの名は、いちやく広まった。

しかも、この曲は音楽史の流れをも変えた。今日では、この曲から音楽における「印象主義」がはじまり、二〇世紀音楽への進路が決まったともいわれている。

ドビュッシー（フランス）
象徴主義文学などの影響を受け、印象派音楽の世界を創造。管弦楽曲『牧神の午後への前奏曲』『海』、オペラ『ペレアスとメリザンド』、ピアノ曲『子供の領分』など。

ヘンデルの『ハレルヤ』で聴衆がいっせいに起立するのはなぜ？

キリスト教の宗教音楽のなかでも、ドイツの巨匠ゲオルク・フリードリヒ・ヘンデルのオラトリオ『メサイア（救世主）』は日本でもよく知られている。

オラトリオとは、一般に、宗教的内容をもつ長い物語を、独唱・合唱・管弦楽のために劇風に構成した作品で、ふつうは舞台装置や衣装、演技などを伴わずに演奏する音楽のこと。『メサイア』は、キリストの降誕（こうたん）・受難（じゅなん）・復活を題材とした三部構成の曲である。

『メサイア』のなかでもっとも有名なのが、第二部の最後に歌われる「ハレルヤ・コーラス」だ。救世主の勝利をたたえるこの合唱部分までくると、なぜか聴衆はいっせいに起立する。じっと座って聴いていてもよさそうなものなのに、どうしてここで、全員が立ち上がるのか。

その由来は、一七四三年に『メサイア』がロンドンで初演された日（別説ではロンドンではじめて大成功をおさめた一七五〇年の上演）にまでさかのぼる。

この演奏に臨席していたイギリス国王ジョージ二世は、「ハレルヤ・コーラス」

にさしかかったところで、心が熱くなり、座ったままではいられなくなった。感動のあまり、思わず立ち上がってしまったのだ。すると、それを見た側近や聴衆も、王にならって起立したという。以来、「ハレルヤ・コーラス」にさしかかると、全員立ち上がるのが慣習になったとされている。

この『メサイア』をはじめ、ヘンデルのオラトリオ作曲については、もうひとつの大きな謎がある。ヘンデルは、もともとオペラの作曲で有名になったのに、どうしてオペラから手を引き、オラトリオばかり手がけるようになったのかという謎だ。

これは、ひとつにはオペラの不調が考えられる。ヘンデルは、イタリアでオペラを学んだ。そのため、イギリスで上演した作

ヘンデル（ドイツ）
後期バロック音楽最後の巨匠のひとり。ロンドンを中心にイタリア - オペラ、オラトリオなどの作曲に活躍した。管弦楽曲『水上音楽祭』、オラトリオ『メサイア』など。

品も主にイタリア風オペラで、ギリシアやローマの物語を題材としたものが多かった。このヘンデルのイタリア風オペラは、イギリスに渡ってしばらくは人気があったが、一七三〇年代に下火となってしまう。

人気が衰えた理由は、イタリア風オペラがイギリスの人々にあまりなじまなかったからだとも、ヘンデルに反発する一派と激しい競争をくり広げた結果ともいわれている。また、ヘンデルは、オペラ劇場が危機に陥っていた一七三七年、過労のためか脳卒中で倒れ、生死の境をさまよった。その大病をきっかけに信心深くなったのも、オラトリオに入れ込むようになった大きな動機ではないかともいわれている。

ともあれ、ヘンデルのオラトリオは、元オペラ作曲家だけに劇的だったので、上流階級だけでなく、広く一般民衆にも受け入れられるようになり、彼はオペラの失敗から立ち直ることができたのである。

演奏者が途中で消えていく
ハイドンの『告別』に秘められたメッセージ

オーストリアの作曲家フランツ・ヨーゼフ・ハイドンの特徴は、ユーモアに満ちた音楽にあるといわれるが、交響曲『告別』は奇妙な曲だ。四つの楽章のうち第三楽章まではふつうに進むが、第四楽章後半のアダージョに入ると、第一オーボエと第二ホルンから順に、演奏者たちがローソクを吹き消しては、次々に退場していく。そして最後には、ヴァイオリン奏者ふたりしか残らない。何ともさびしげな結びの曲なのである。

ずいぶん謎めいた終わり方だが、どうして曲の途中で奏者たちは姿を隠してしまうのか。

これには、ハイドンの主君への抗議という意味が込められていた。

オーストリア生まれのハイドンは、一七六一年、二九歳のときから約三〇年にわたって、ハンガリーの貴族エステルハージ侯に雇われた。エステルハージ家では、ハイドンをはじめ、ほかの楽団員たちも厚遇（こうぐう）されていたが、身分はあくまで使用人。規則は窮屈で、主君には逆らえなかった。

とくに楽団員たちにとって苦痛となったのは、エステルハージ侯が毎年春から夏にかけて過ごしていた、エステルハージ離宮での暮らしである。

この離宮は、ノイジラー湖を臨む美しく豪華な宮殿だったが、ハイド

ハイドン（オーストリア）
ウィーン古典派を代表するひとり。古典派の器楽曲の典型、特に第一楽章のソナタ形式を完成させた。オラトリオ『天地創造』、弦楽四重奏曲『皇帝』など。

ンが『告別』を作曲した一七七二年当時は、まだ建設途中ということで、楽団員たちの家族を住まわせる部屋の余裕はなかった。そのため、楽長のハイドンなど少数の例外をのぞいて、楽団員たちは単身赴任しなければならなかったのである。

楽団員たちが毎年家族と離れて悲しんでいるというのに、いっぽうのエステルハージ侯は、この離宮が大のお気に入り。楽団員の思いを知ってか知らずか、彼はこの年、予定より二か月長く滞在するといいだした。

楽団員たちは、単身赴任生活が延長されることに激怒し、楽長のハイドンに窮状（きゅうじょう）を訴えた。

困ったのはハイドンである。楽団員たちの気持ちはわかるが、主君にうかつなことをいえば、クビを言い渡されかねない。そこで、『告別』を作曲し、楽団員たちのさびしさと悩みをエステルハージ侯に伝えようとした。

結果はみごとに成功。エステルハージ候もそれほど鈍感ではなかったようで、演奏を聴いてその意図を察し、楽団員たちに休暇を与えたといわれている。

クライスラーの「～の様式による」が暗示する天才ゆえの苦悩とは

一九世紀末から二〇世紀にかけて活躍したフリッツ・クライスラーは、オーストリアのウィーンに生まれ育ち、のちにアメリカに渡った作曲家兼ヴァイオリニスト。アルファベットの読み方より先に、楽譜の読み方を覚えてしまったという天才である。

彼の曲では、ウィーン民謡をもとにしたバイオリン曲『愛の喜び』や『愛の悲しみ』などが有名だが、『ヴィヴァルディの様式によるコンチェルト』や『ポルポラの様式によるメヌエット』など、過去の作曲家の名をもちだして、「～の様式による」と冠する曲も多い。

曲名に用いられた作曲家は、当時としてみれば古い時代の人がほとんどで、「忘れ去られた作曲家」といっても過言ではない。それなのになぜ、クライスラーは彼らの名前を曲名に用いたのだろうか。

じつは、これらの曲は、自分の作品としてではなく、クライスラーが昔の作曲家の作品と偽って発表した曲である。

クライスラーは、一八歳くらいになると、自分の作曲した曲を、「今まで知られていなかった名曲を偶然発見した」といって演奏するようになった。だれもがそれをすっかり信用して、クライスラーが隠れた名曲を発掘したものと思い込んでいたのだが、一九三五年、六〇歳になってから、彼は真相を告白し、音楽界に騒動を巻き起こした。

それを機に、『ヴィヴァルディのコンチェルト』を『ヴィヴァルディの様式によるコンチェルト』に変更するなど、彼はそれまでの曲名に「～の様式による」と、付け加えるようになったというわけだ。

自分がつくった曲を他人の作品として発表するなど、ずいぶん不可解な行為だが、この謎めいた行為の裏には早熟の天才ゆえの苦悩があったらしい。

彼は、一三歳でヴァイオリニストとしてデビューしており、二〇歳を前にして演奏会で取り上げられる曲目が少なすぎると感じるようになってしまった。大曲には演奏したい曲はたくさんあったが、費用がかかり

クライスラー（アメリカ）
3歳のころからヴァイオリンを習いはじめ、10歳にしてウィーン高等音楽院を首席で卒業した。『ウィーン奇想曲』『美しきロスマリン』などの作曲でも知られる。

すぎてむずかしく、かといって、小品には演奏したい曲があまりなかったのだ。

それならいっそのこと、みずから作曲してしまおうと考えた。ところが、当時の彼は、作曲家ではなく演奏家である。そのまま自分の作品として発表して、生意気(なまいき)だと非難されることを危惧した。その対策として、昔の作曲家たちの埋もれた作品だと偽ったのだという。

『前奏曲』に隠された リストの人生観とは

フランツ・リストは、一九世紀のハンガリー生まれのドイツ人で、超絶技巧のピアニストとしても、作曲家としても名高い。

彼の作品は、ピアニストだった関係からピアノ曲が多いが、ピアノ一辺倒(いっぺんとう)というわけでもなく、「交響詩」という新しいジャンルを生み出した。これは、交響曲が物語のない音楽であるたいして、「管弦楽によって詩的・絵画的内容を描写・表現する音楽」というジャンルである。

そんなリストの代表的な交響詩に、一八四八年に完成した『前奏曲』がある。

「前奏曲」といえば、ふつうは、オペラなどの導入部に演奏される曲だが、この曲

は一曲だけで独立している。それなのに『前奏曲』とは不可解な曲名だ。

リストは、なぜ独立した曲に、このような名前をつけたのだろうか。

この曲は、フランスの政治家で詩人でもあったラマルティーヌの『詩的瞑想録(めいそうろく)』の影響を受けて作曲されたものだが、そのラマルティーヌは、「人生はすべて死への前奏曲にすぎない」という言葉を残している。

リストは、この言葉をもとにして、独立した交響詩を『前奏曲』と名づけたのだというのである。

しかし、これには異説も存在する。

もともとこの曲は、『四大元素』と題する合唱曲集の前奏曲として作曲されたものだったが、急きょ、これだけ独立して発表

リスト（ハンガリー）
ピアノの超絶技巧を開拓。交響詩の形式を確立し、ロマン主義を推進。『ファウスト交響曲』、交響詩『前奏曲』、ピアノ協奏曲、『ハンガリー狂詩曲』など。

することになったので、「人生はすべて死への前奏曲」という理由を、あとからつけたのだという。

ことの真偽ははっきりしない。しかし、リストがラマルティーヌの言葉を気に入っていたのはたしかなようだ。

ちなみに、この『前奏曲』がどんな曲かというと、「愛」「苦難」「平安」「闘い」の四部構成となっている。「愛にやぶれて平安を求めたのち、戦いに立ち上がって勝利する」というストーリーである。

プロコフィエフの『三つのオレンジへの恋』に見る妻への愛

旧ソ連の作曲家プロコフィエフのオペラのなかで、もっともよく知られている曲が、一八世紀イタリアの劇作家カルロ・ゴッツィの同名の喜劇をもとにつくられた『三つのオレンジへの恋』である。

イタリアの即興喜劇の研究をしていたソ連の演出家メイエルホリドが、自分の編集していた演劇雑誌にこの喜劇を掲載したところ、プロコフィエフはすっかり夢中になり、いつかこの喜劇を題材にしたオペラをつくろうと思いついたという。

プロコフィエフが、この喜劇に魅せられた理由は、次のようなストーリーにある。『三つのオレンジへの恋』は、地上世界と地下世界で話が進行する。地上世界では、うつ病になった王子を笑わせるよう、王が大臣のレアンドロに命じる。しかし、レアンドロには野心があり、王の姪クラリーチェと手を組んで王位を狙う。

いっぽう、地下世界では、王の味方をする魔王チェリオと、レアンドロの味方をする魔女ファタ・モルガーナが賭けをして、魔女が勝つ。賭けに勝ったことで地上に出たファタ・モルガーナが、王子の前で転ぶと、それまで笑ったことのなかった王子が笑い声をあげるが、それに怒ったファタ・モルガーナは王子に呪いをかけてしまう。それは「クレオンタ城にある三つのオレンジを取ってこなければ故郷に帰れない」という呪いだ。

王子は、なんとか三つのオレンジを手に入れるが、喉の渇きに襲われ、ひとつのオレンジを切る。すると美女が現れ、彼女も渇きを訴えながら死んでしまう。二つ目のオレンジも同じ。しかし、三つ目のオレンジからは王女ニネッタが現れ、水を得て助かる。

プロコフィエフ（ロシア）
作曲家・ピアノ奏者・指揮者。ロシア革命後アメリカへ亡命、のち帰国。大衆性をもつ曲が多い。作品に、音楽物語『ピーターと狼』、オペラ『戦争と平和』など。

やがて王子とニネッタは結ばれ、ファタ・モルガーナとレアンドロとクラリーチェは冥界に落とされる……。

これが『三つのオレンジへの恋』のあらましで、じっさい、このオペラを作曲したとき、プロコフィエフは最初の妻リーナと仲むつまじく暮らしていた。そんな妻への愛情が、このオペラに反映されたのではないかといわれているのだ。

2章

名曲と作曲家の迷宮事件を追う

●例えば、バッハとヘンデルの失明に関わった共通の人物とは?

『悲愴』初演の九日後に急死したチャイコフスキーの死因の謎

交響曲第六番『悲愴(ひそう)』は、チャイコフスキーが、自身の死の九日前にみずから指揮をして、初演した名曲である。当初この曲に『悲愴』の標題はつけられていなかったが、曲にたいする評判があまりよくなかったので、初演後、チャイコフスキーの弟が『悲愴』と名づけたという。

ロシアの誇る大作曲家ピョートル・イリイチ・チャイコフスキーは、一八九三年一一月六日に五三歳で亡くなった。

その死因とされるのは、コレラによる病死。チャイコフスキーは、一一月一日に友人たちと入ったレストランで生水を飲み、コレラに感染(かんせん)、そのわずか五日後には息を引き取ったと伝えられている。

当時のロシアではコレラがはやっており、感染すれば非常に高い確率で死に至る病であることは広く知られていたはず。それにもかかわらず、感染の危険のある生水を、彼はどういうわけか飲んでしまったのである。

しかし、チャイコフスキーの死には不可解な点がある。ほんとうにコレラで死ん

だのかということだ。コレラになれば隔離（かくり）されるのがふつうなのに、病床のチャイコフスキーを多くの人々が見舞っている。

しかも、彼の遺体は死後二日間、棺（ひつぎ）のなかに納められ、別れを告げに訪れた人々が、遺体の顔や手に口づけしている。コレラ患者にしては非常識な話ではないか。

それではチャイコフスキーは、何が原因で死亡したのだろうか。

一九七八年、旧ソ連出身の音楽学者アレクサンドラ・オルロバは、この謎にたいして、チャイコフスキーと同じ法律学校出身のアレクサンドル・ボイトフという人物の証言をもとに、大胆な仮説を発表した。

それによると、チャイコフスキーは自殺を強要されたという。じつは、彼は同性愛

チャイコフスキー（ロシア）
ロシア音楽を普遍的芸術に高めた。歌劇『エヴゲニー・オネーギン』、交響曲『悲愴』、バレエ音楽『白鳥の湖』『くるみ割り人形』、ピアノ協奏曲第１番などがある。

者で、晩年、ある貴族院議員の甥と関係をもった。その事実を知った議員は、皇帝に告発状を送った。しかし、訴状を委託されたのは貴族院の議長で、チャイコフスキーと同じ法律学校の出身だった。

議長はこのことを母校の名誉にかかわる由々しき事態と考え、醜聞をもみ消すための会議を召集。会議の結果、「チャイコフスキーは責任をとって自殺するべきだ」という結論を出した。

その結論にもとづき、チャイコフスキーに毒薬が渡され、彼はそれを飲んで自殺したというのである。

チャイコフスキーの同性愛という性癖についての真相は不明だが、彼はそのことを気にしていなかったといわれている。また、当時のロシア上流社会の風潮からいっても、同性愛が露見することを恐れて自殺することはないだろうという意見も出ている。

はたして、この説に信憑性はあるのだろうか。同性愛を責め立てられての自殺だったのであれば、残念な話だ。天寿をまっとうしていれば、まだまだ多くの作品をつくり、後世に残すことができただろうに。

バッハとヘンデルの失明に関わった共通の人物とは

バッハとヘンデルは、ともに一六八五年生まれのドイツ人で、バロック後期に活躍した大音楽家である。彼らは生誕の年が同じというだけでなく、晩年に失明したという点でも共通しているのだが、この失明に関してさらに驚くべき符合がある。どちらの失明にも同じ人物が関わっているらしいのだ。目を悪くしたきっかけは、それぞれの事情により異なるが、完全に失明するに至ったのは、ある怪しげな人物のせいだという。

二大作曲家から光を奪った犯人は、いったいどんな人物なのか。

その男の名は、ジョン・テイラー。イギリスからドイツにやってきた眼科医である。ただし、医者とは名ばかりのとんでもないインチキ医者だった。テイラーは、従者を従えて宮廷から宮廷へと渡り歩き、「××王公認」といった肩書を集めてまわっていた。

一七五〇年三月、このテイラーが、ヨハン・ゼバスチャン・バッハの住むライプチヒを訪れた。もともと目の弱かったバッハは、その三年ほど前から急速に視力が衰え、一年前にはほとんど見えない状態になっていた、わらにもすがる思いでテイラーの手術を受けたのである。

テイラーの手術は、大衆を前にしておこなわれるのが恒例で、バッハのときは、なんとコンサートホールでおこなわれた。手術自体も麻酔をせず、針のような器具を目に突き刺すという、なんとも手荒いものだったらしい。

二回に分けておこなわれたこの手術により、バッハは完全に失明した。しかも、手術で体力を消耗し尽くしたのか、三か月後には脳卒中で倒れ、亡くなってしまう。

ゲオルク・フリードリヒ・ヘンデルがテイラーの手術を受けたとされるのは、バッハの死から二年後のことである。

彼は、一七五一年に最後のオラトリオ『イエッタ』を書きはじめたころから、視力が衰えはじめた。原因は白内障とも緑内障ともいわれる。視力の減退は、作曲家生命を脅かすことにもなりかねない。名医と評判の高いサミュエル・シャープに診察を受け、回復の見込みは絶望的との診断を下されたヘンデルは、その翌年、ウィリアム・プロフィールドと

バッハ（ドイツ）
バロック音楽を集大成し、頂点に立つ。『マタイ受難曲』『ヨハネ受難曲』、ロ短調ミサ曲、『ブランデンブルク協奏曲』『フーガの技法』、平均律クラヴィア曲集など。

いう外科医の手術を受けるが、これもうまくいかない。

そしてその後、ヘンデルは最後の望みを託して先述のテイラーを頼った。必死の思いである。しかし、手術はバッハのときと同様でとうとうヘンデルは、完全に光を失ってしまった。

ところで、ここで不可解なのが、ヘンデルはバッハの災難を知らなかったのかということである。もし彼がバッハの不運を知っていたら、テイラーの手術など受けず、別の治療法をさがすこともできたはずだ。それとも知っていてなお、彼の手腕に賭けたのか。

おそらく、ヘンデルはバッハの手術結果を知らなかったのだろう。というのも、じつは、このふたり、たがいに面識(めんしき)がなかったという。

同時代を生きた巨匠でありながら、決して交わることのなかったバッハとヘンデル。運命とは不思議なものである。

『レクイエム』を注文し モーツァルトを死に導いた男の正体

天才作曲家ヴォルフガング・アマデウス・モーツァルトは、三五歳という若さで亡くなっている。彼には多くの伝説があり、その死についてもさまざまに取り沙汰されているが、最後を飾るにふさわしい謎めいたエピソードがある。彼の最後の作品となったのは、死者を悼むミサ曲『レクイエム』なのである。

この『レクイエム』の作曲に関して、じつに奇妙な話が伝わっている。

モーツァルトの最晩年となった一七九一年のある日、灰色の服を着た痩せた男が彼のもとを訪れた。男は署名のない一通の手紙を渡して、「さる名高い方の愛する人が亡くなった。その命日を記念するための『レクイエム』を作曲してほしい」と頼んだという。

男はたいへん丁寧な物腰で、モーツァルトの言い値の代金をその場で渡したうえ、曲が完成したときにも同じ額を支払うと約束した。合わせれば、オペラ一曲分に匹敵する高額の謝礼である。

男は依頼人の名を明かさず、詮索しないようにと念を押した。気前はいいが、奇妙な依頼だった。

モーツァルトはこの依頼を引き受けた。しかし、作曲に没頭（ぼっとう）するうち、強迫観念にとらわれていく。「あの男は冥界（めいかい）からの使者で、今書いているのは自分自身を弔（とむら）うための曲なのではないか」と思い込み、怯（おび）えはじめたのだ。彼はそれでも作曲をつづけたが、予感は現実のものとなった。それからほどなく健康を害して病床につき、曲を完成させることなく息を引き取った。

モーツァルトの死期を予知するかのように現れたこの不気味な男は、いったい何者なのか。そしてなぜ依頼人の名前は秘密にされたのか。

その謎は、一九六四年になって解き明かされた。オットー・エーリヒ・ドイッチェという研究者が、ことの真相を記した記録を見つけたのである。

ウィーン近郊の古文書館に保存されていたその記録によると、『レクイエム』を注文したのは、オーストリアのエンス川下流に領地をもつフランツ・フォン・バルゼック伯爵だった。記録を残したのは、伯爵の音楽仲間で聖歌隊指揮者のアントン・ヘルツォークという人物である。

バルゼック伯爵は、最愛の妻アンナを二〇歳の若さで亡くしており、その一周忌に、モーツァルトに書いてもらった『レクイエム』を演奏させようと計画した。た

だし、モーツァルトではなく、自分の作品として。
じつは、バルゼック伯爵がこのような形で作曲を依頼したのは、モーツァルトにたいしてだけではなかった。伯爵は、自作として演奏できるように、所有権ごと買い取るかたちで有名な作曲家に作曲を依頼していた。そして、その譜面を自筆で書き写し、「自分のつくった曲だ」といって、お抱えの音楽家や客人たちに披露するという趣味があったのだ。
そんなこととは知らぬモーツァルトは、過労で病気がちだったこともあって、謎めいた依頼人にすっかり怯えてしまったのである。さらに、バルゼック伯爵の使者となって彼のもとを訪れた男の風貌も、モーツァルトが誤解した理由のひとつだろう。
この男は、伯爵の音楽仲間で官吏のフランツ・アントン・ライトゲープといい、痩せて冷たい目つきをしていたという。冥界からの使者というイメージにぴったりだったわけだ。もし伯爵の使者が陽気そうな男なら、モーツァルトの寿命はもう少し永らえたかもしれない。

ハイドンの遺体から首が切断されていた謎

ドイツ人ならだれもがその名を知っている偉大な作曲家フランツ・ヨーゼフ・ハイドンだが、彼の首が切断されていたという事実を知っている人は、さほど多くないだろう。

遺体を移し替えようとして掘り起こしたところ、首がなかった……。ハイドンは死後にそんな謎を残しているのである。

ハイドンがウィーンの自宅で亡くなったのは、一八〇九年五月三一日のこと。その一一年後の一八二〇年、彼がかつて仕えていたニコラウス・エステルハージ侯の孫ニコラウス二世は、「ハイドンは生前エステルハージ家の本拠地であるアイゼンシュタットに埋葬（まいそう）されたがっていた」という話を耳にした。

三〇年以上もエステルハージ家に仕えていたハイドンにとって、アイゼンシュタットは第二の故郷といっていいほど愛着のある土地だった。また、ニコラウス二世は、一七九四年にエステルハージ家の当主となって以来、祖父の宮廷楽長だったハイドンと親交を温め、音楽上の相談に乗ってもらったりもしていた。

そこで、ニコラウス二世は、ハイドンの望みをかなえてやりたいと考え、彼の遺体をアイゼンシュタットに移葬しようとした。そのためにハイドンの墓を掘り起させたところ、遺体には首がなかったというわけだ。

それにしても、いったいだれが、何の目的でハイドンの遺体から首を切り取ったのだろうか。

ニコラウス二世がウィーンの警察に捜査を依頼したところ、すぐに犯人が見つかった。かつてエステルハージ家の書記をしていたカール・ロウゼンバウムと、その友人のネポムク・ペーターという刑務所管理人である。

ロウゼンバウムの主張によると、ハイドンを冒瀆（ぼうとく）から守るために首を持ち帰ったのだという。

ハイドンが亡くなる三週間前の五月一〇日、フランスのナポレオン軍がウィーンに迫り、翌日にはウィーンを占領した。

その混乱のなか、ハイドンは怯える使用人たちを鼓舞（こぶ）すべく、病を押してまでピアノの前に座り、オーストリアの皇帝賛歌（さんか）『神よ、皇帝フランツを守りたまえ』を何度も弾いたという。この曲は、ハイドン自身がつくったもので、当時オーストリア国歌となっていた曲だ。

フランス軍の占領下でこのような曲を弾きつづけるハイドンに、ウィーンの人々はさぞかし大きな敬意を抱いたことだろう。

とすれば、ロウゼンバウムらは、ハイドンの首をフランス軍から守るために切断したというのだろうか。

そうした推察も可能だが、少しちがうようだ。フランスではハイドンにたいする評価がたいへん高く、反抗的な曲を弾きつづけたからといって、遺体を粗略(そりゃく)にあつかったとは思えない。何しろ、ウィーン占領の数日後、歌手を本業とするフランス軍兵士がハイドンを訪問し、彼が作曲した『天地創造』を歌ったという話まで残されているほどなのだ。

一説によると、ロウゼンバウムとペーターには頭蓋骨に対する異常な執着があり、ハイドンの頭蓋骨を聖遺骨のように保管していたのではないかというのである。

警察当局は、ロウゼンバウム家の家宅捜査をしたが、ついにハイドンの頭蓋骨を発見できなかった。ロウゼンバウムは、事前にどこか別の場所に、隠してしまっていたようだ。

彼はけっきょく、死ぬまでハイドンの頭をひそかにもちつづけ、さまざまな人の手を経てようやく本来の胴体のもとに戻ったのは、一九五四年になってからだった。切断されてから一五〇年もの歳月を要したことになる。

『運命』に秘められたベートーヴェンの盗作疑惑とは

ルートヴィヒ・ヴァン・ベートーヴェンの交響曲第五番『運命』は、クラシック音楽のなかでもとくに有名な曲のひとつだ。

それどころか、音楽以外の芸術作品を見渡しても、これに勝る作品は存在しないかもしれない。

『運命』といえば、だれしも思い浮かべるのが、「ダダダダーン」という冒頭の四音だろう。

このインパクトはすこぶる強く、たった四音のリズム・パターンによって、この曲全体がつくられているといっても過言ではない。

天下に名だたるベートーヴェンだけに、これも当然彼のオリジナルと考えるのがふつうだが、じつはそのあたりは心もとなく、大きな謎となっている。

『運命』が作曲されるよりも前に、フランス革命時代に活躍したフランスの作曲家ケルビーニが、『パンテオン賛歌』で同じ旋律（せんりつ）を用いているというのだ。また、ベートーヴェンの祖父の楽譜にも、同じ旋律が見られるという説もある。

これはいったい、どういうことなのだろう。『運命』はベートーヴェンの盗作によってつくられた曲なのだろうか。

その可能性は否定できない。音楽の世界では、自分の曲からにしろ、他人の曲からにしろ、先行する曲のメロディーなどを使いまわしした例がよく見られる。ベートーヴェンは、こうした使いまわしが多い作曲家だった。

たとえば、交響曲第三番『英雄』の第四

ベートーヴェン（ドイツ）
古典派三大巨匠のひとりであり、ロマン派音楽の先駆けでもある。晩年は聴力を失いながらも作曲。交響曲やピアノ・ソナタ、弦楽四重奏曲、ピアノ協奏曲など多数。

楽章で中心主題となっている旋律は、自身で作曲した『一二のコントルタンツ』作品一四の第七曲に用いていたメロディーである。

ベートーヴェンは、この旋律（せんりつ）がよほど気に入ったのか、『英雄』の前にも二曲、合計四つの曲に使っている。

『運命』の冒頭に関していうと、ベートーヴェンは、ピアノ・ソナタ『熱情』でも同じ旋律を用いている。

このように、ベートーヴェンは、思いついた旋律を、彼なりにアレンジし、いくつかの曲で用いるということがよくあった。自分自身が考えたメロディーだけでなく、ときにはどこかで聴いた曲から借用することさえ厭（いと）わなかったのである。『運命』の冒頭も、祖父の楽譜を見てピアノで弾いたか、または『パンテオン賛歌』を聴いて耳に残っていたリズムを、自分流にアレンジしたものだったのかもしれない。

ただし、仮にそれが事実だとしても、『運命』のような用い方をしたのはベートーヴェン自身の着想なのだし、今日でもそういった例は数多く見られる。いずれにせよ、『運命』が名曲であることに変わりはない。

ケチで名高いパガニーニがベルリオーズに大金を援助した真相

一八三八年一二月、パリで音楽好きの人々を驚かせる珍事が起こった。イタリアの作曲家で、ヴァイオリンの超絶技巧奏者でもあるパガニーニが、フランスの作曲家ベルリオーズに、突然二万フランという大金を贈ったのだ。

ベルリオーズは、この年九月、新作オペラ『ベンベヌート・チェルリーニ』の初演に失敗し、精神的にも経済的にも苦しい状態に陥っていた。

そんななか、一二月一六日に演奏会を催したとき、パガニーニが楽屋を訪れてベルリオーズを絶賛したうえ、二日後、称賛の言葉をしたためた手紙とともに、二万フランの小切手を送ってきたのである。

パリの人々は、この一件を知ると、美談として感心するより、「なぜ?」と疑問に思った。パガニーニは、貧窮する人々を救済するためにおこなわれる慈善演奏会に一度も出演したことがないなど、ケチで有名だったからだ。

どうしてパガニーニが、彼らしくもなく、ベルリオーズに大金を援助しようと思い立ったのか。パリの人々は、その理由についてさまざまに想像をめぐらせた。

ひとつには、パガニーニが「ケチ」という悪評を払拭しようとしたのではないかと考えられる。また、「有名な批評家がパガニーニを説得した」とか、「パガニーニに好意的な新聞社の経営者が金を出した」といった噂も流れた。

興味深いのは、エルネスト・W・ハイネの『大作曲家の死因を探る』(音楽之友社)で述べられている「ベルリオーズの出版人であり後援者でもあるベルタンが金を出した」という説である。

それによると、ベルタンは、パガニーニのような有名人が慈善をおこなえば、ベルリオーズの宣伝になると考えた。そこで、パガニーニの協力を得て、この芝居をしくんだのだという。

この説は、ベルタン夫人が七年後に師のチャールス・ハレに打ち明けた話とされており、信憑性が高そうに見えるが、確証はなく、はっきりしたことはわからない。

いずれにせよ、ベルリオーズは、パガニーニの言葉をそのまま素直に受け取り、自分の才能を認めて援助してくれるのだと信じて感激した。

その二万フランのおかげで作曲に専念でき、劇的交響曲『ロメオとジュ

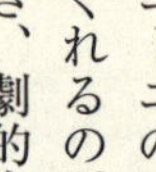

パガニーニ(イタリア)
卓越した技巧のヴァイオリニストとしてヨーロッパ各地を演奏旅行。ヴァイオリン協奏曲、「24のカプリース」など。自身の技巧を生かした作品も残している。

リエット』を完成すると、その曲をパガニーニに捧げている。

迷宮入りとなった ルクレール暗殺事件の真犯人はだれか？

一七六四年一〇月二三日の早朝、ある庭師が、玄関先で殺されているひとりの男を発見した。殺害されていたのは、ジャン＝マリー・ルクレールというパリの作曲家兼ヴァイオリニスト。左肩と腹部、胸部の三か所に鋭利な刃物で刺されたあとがあり、シャツは血まみれになっていた。死体の傍らには、作曲家らしく数枚の五線紙、愛読書の『洒落と警句集』、そしてナイフが転がっていた。ただし、そのナイフに血はついていなかった。

殺されたルクレールはフランスの有名な音楽一家に生まれた人物で、音楽だけでなく、バレエ界でも活躍していた。その音楽性はたいへん優れており、ルイ一五世の宮廷楽団やオランダ、フランスなどの貴族の庇護を受けていたほどである。

殺されたのが、そうした著名な音楽家だったこともあり、事件はセンセーショナルに取り上げられ、警察もただちに捜査を開始した。そして、顔見知りの犯行との疑いを強め、容疑者を三人に絞り込んだ。

その三人とは第一発見者の庭師、ルクレールと仲たがいしていた甥、楽譜彫版師である別居中の妻である。

　庭師はアリバイの偽装工作などをおこなったふしがあり、第一発見者であることからも疑われたようだ。

　だが、動機の点で疑わしいのは妻と甥である。ヴァイオリニストである甥は、ルクレールが仕えていたグラモン大公に、自分を雇ってもらうよう口利きしてほしいと執拗に頼んでいた。しかし、ルクレールが応じてくれないので、彼に恨みを抱いていたという。

　別居中の妻ルクレール夫人も、夫に前出の甥の就職の口利きを迫っていたようだ。というのも、彼女は、この甥と深い仲だったのである。

　こうしてみると、「不可解なアリバイ工作」「三角関係」「恨み」と、三者三様ともに疑わしい要素があるが、いずれも決め手がなく、捜査は暗礁に乗り上げた。けっきょく事件は真犯人も動機もわからないまま、迷宮入りとなってしまう。

　やがて事件の解決は、警察から一般大衆の手へと委ねられた。真犯人は、やはりあの三人のうちの一人か、それともまったく別の人物なのか。

ルクレール（フランス）
バロック音楽の作曲家であり、演奏の巨匠である。フランス＝ベルギー・ヴァイオリン楽派の創始者とみなされている。ヴァイオリンのための協奏曲やソナタなど多数。

いずれにしても、動機は何だったのか。あまりにも謎だらけのこの事件だが、三人の容疑者のうち、ルクレール夫人が有力な犯人候補ではないかとの説がある。

愛読書や五線紙がそのまま放置されていたという事実がわざとらしすぎるため、通り魔による物取り的犯行ではなく、彼のことをよく知る身近な人物と考えられること、最後まで発見されなかった凶器は、彼女が仕事に使うノミではないかと考えられることなどが、その根拠である。

彼女がルクレールに甥の就職を頼みにいき、断られたことで逆上、仕事柄持ち歩いていたノミで夫を刺すという展開は、説得力をもつ話ではある。愛情のもつれによる殺人はいつの時代にも存在するもの。ルクレールと妻のあいだに何かが起こっても不思議はない。ただし、警察がこの妻の家を家宅捜索しても、凶器などは何も発見できず、妻も逮捕されることはなかった。

けっきょく、ルクレール夫人は、犯行を隠し通すことに成功したということになるのだろうか。それとも犯人は別人なのだろうか。ルクレールは晩年、人間嫌いに陥っていたという話があり、案外その辺りに事件を解く鍵があるのかもしれない。

完成した曲を何度も改定した
ストラヴィンスキーの切実な事情とは

一九一〇年に初演されたバレエ『火の鳥』は、ロシア民謡にもとづいてつくられたもので、イワン王子が王女を助けるため、火の鳥の力を借りて魔王を倒すという壮大な物語。このバレエに曲をつけたのが、当時二七歳で、まだ無名だったロシア出身の作曲家イーゴル・ストラヴィンスキーである。

ストラヴィンスキーの音楽は、独創的なリズム感覚と作曲技法に特徴があり、当初はその斬新な手法が賛否両論を巻き起こした。しかし、時代は彼に味方したようだ。『火の鳥』で成功すると、つづけざまにバレエ音楽を発表。のちにアメリカで活躍し、二〇世紀最大の作曲家といわれるようになる。晩年には、来日して自作を指揮したので、日本でも彼本人を見た人も多い。

そんな彼には、作曲家としての不可解な謎がある。一度完成させたはずの作品を、

どういうわけか何度も改訂しているということだ。

最初は完璧なものに思えた作品も、ときを経て、感性が変化するにつれて欠陥が見えるようになり、手直ししたくなることはあるだろう。それは音楽家にかぎらず、作家や画家でも同じである。

ところが、ストラヴィンスキーの場合は度を越していて、ロシア時代の彼の三大バレエ音楽と呼ばれる『火の鳥』『ペトルーシュカ』『春の祭典』をはじめ、完成後に何度も改訂している曲が多数あるのである。

とくに『ペトルーシュカ』にいたっては、一九一一年の初演から三六年も経過してから、オーケストラ編成を大幅に変える改訂版を出しており、以後、アメリカではこの

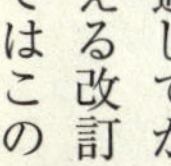

ストラヴィンスキー（ロシア）
20世紀最大の作曲家。バレエ音楽『火の鳥』『ペトルーシュカ』『春の祭典』など。現代音楽に衝撃的影響を与えた。アメリカに移住後、12音技法を手がける。

改定版しか使ってはいけないとされる。

なぜ、ここまで彼は自作を改訂しつづけたのだろうか。

もちろん、芸術家として少しでもいいものにしたいという理由もあったかもしれない。だがしかし、それとは別に、そうしなければならない事情があったようなのである。

そもそもの発端は、一九一七年のロシア革命にまでさかのぼる。この革命によってストラヴィンスキーは全財産を失っているのだが、それを取り戻すために、彼は改訂を何度もくり返したといわれている。

一九一七年の革命のときにロシアを離れた彼は、財産がないこともあって、二〇年にフランスに落ち着くまでのあいだ、ヨーロッパ各地を転々とする生活を余儀なくされた。このとき自作の著作権をもっていれば、少しは状況も改善されたかもしれない。しかし、すでに発表済みだった作品の著作権などは、その多くがロシアの出版社に設定されており、権利の行使ができなかったという。

自作が手元から離れたことでこうむった痛手は相当に大きかったのだろう。ストラヴィンスキーは一九三九年にアメリカに移り、新たな道を歩みはじめることになるが、『ペトルーシュカ』を改訂し決定作を出したのは、その二年後だ。そのほかの作品についても何度も改訂し、新たな改定版を出している。

彼がこうした行為をくり返したのは、アメリカで新たに著作権を設定したかったからだといわれている。それによって得られる印税で、失った財産を取り戻そうとしたのだ。

いずれにせよ、彼はアメリカでも成功を収めた（一九四五年に市民権を獲得）。ふたたび祖国の地を踏んだのは一九六二年になってからのことだが、そのころにはもう金銭的な悩みなどなかったはずである。

絶頂期にあったシベリウスが突如作曲をやめた理由とは

オーストリアやドイツといった中央ヨーロッパ諸国に音楽では及ばなかったフィンランドに、一九世紀末になってさっそうと登場したのが、祖国をこよなく愛した作風から国民的作曲家と呼ばれたヤン・クリスティン・シベリウスである。

シベリウスは、フィンランドに古くから伝わる叙事詩（じょじし）『カレワラ』を題材にした、有名な『トゥオネラの白鳥』をふくむ交響詩『カレワラによる四つの伝説』や、ロシアの圧政に苦しむフィンランドの人々を鼓舞する『フィンランディア』など、多くの名作を作曲。なかでも交響曲第七番は、世界的に評価される傑作だ。

それほど絶大な人気があったのに、シベリウスは、一九二五年に発表した交響詩『タピオラ』を最後に、ぷっつりと作曲をやめてしまった。

なぜシベリウスは、絶頂期で創作活動から手を引き、『タピオラ』を仕上げてから亡くなるまでの三二年間、湖畔の山荘にこもっていたのだろうか。

シベリウスが筆を折った理由については大きな謎とされ、はっきりしないが、残された日記や手紙、彼の秘書の著書などからすると、じつは絶筆したわけではなく、交響曲第八番の作曲に取り組んでいたらしい。事実、一九三〇年代には、ロンドンのロイヤル・フィルハーモニック・ソサエティによる第八番の演奏が予告されていたという。

それなのに、どうして第八番は演奏されなかったのか。そもそも第八番は完成したのだろうか。

彼の秘書の証言によると、第二次世界大戦中、シベリウスは秘書に、「第八番は何度も完成したが、そのたびごとに捨てたり燃やしたりしてしまった」と語っていたという。これが事実だとすれば、せっかく完成

シベリウス（フィンランド）
祖国の自然と歴史に根ざした管弦楽、交響詩などを書いた。交響詩『トゥオネラの白鳥』『フィンランディア』のほか、交響曲、ヴァイオリン協奏曲が有名。

させた曲を破棄した理由が謎となってくる。

それまでの作品、とくに交響曲第七番が、世界的に高い評価をされていたところから推察すると、「第八番はさらに偉大な作品にならなければならない」という思いに縛られ、自作を批判する目が極端に厳しくなってしまったのではないかと考えられる。

また、生活費を稼ぐ必要があれば、多少自信がなくても完成した曲を発表しただろうが、シベリウスは国から多額の終身年金を受けていたので、生活に困ることはなかった。これも、つくった曲を納得のいくまで破棄しつづけ、発表しようとしなかった理由のひとつかもしれない。

さらに、シベリウスが自作を発表しなくなったのは、深刻なうつ病のせいだという説もささやかれたが、これも憶測の域を出ていない。

ともあれ、シベリウスの死後、第八番の楽譜は見つからなかった。シベリウスが燃やすように遺言したとも、彼の生存中、妻が大掃除をしたときに燃やしたのではないかともいわれているが、はっきりしたことは何もわからない。

ロッシーニの傑作『セビリアの理髪師』の初演が大失敗に終わったわけ

『セビリアの理髪師』といえば、イタリアの作曲家ジョアッキーノ・アントニオ・ロッシーニのオペラのなかでも人気の高い作品のひとつに数えられる。

そんな名作も、一八一六年二月二〇日の初演は大失敗だった。それも、観客のほとんどが途中で帰ってしまうという、オペラ史上例がないほど惨憺(さんたん)たる結果に終わったのである。

たしかに、この作品は一三日という短期間で書き上げられたが、内容はまちがいなく傑作で、観客からブーイングを受けるものでは決してない。それなのに、なぜ初演にかぎって、それほどひどい舞台となってしまったのか。

『セビリアの理髪師』は、フランスの作家ボーマルシェの戯曲(ぎきょく)を原作としており、同じ原作によるオペラがすでに存在していた。それは、ロッシーニより五二歳年上のジョヴァンニ・パイジェルロが、一七八二年に発表した同名のオペラである。

パイジェルロは、ロシアとナポリの宮廷楽長を務めた当時の大家で、しかも、一八一六年当時、存命していた。

しかも、彼の『セビリアの理髪師』は、廃れてしまっていたわけでなく、まだかなりの人気があった。

ロッシーニは、この大先輩に配慮したのか、題名を『アルマヴィーヴァ、あるいは無益な用心』と改題して発表している。

しかし、パイジェルロの取り巻きたちは、これを自分たちへの挑戦と解釈し、ロッシーニを潰しにかかる。初演時に会場へ乗り込んで妨害しようと企てたのだ。

パイジェルロ自身が、この策略に同意したか否かは定かではない。

しかし、彼の取り巻きたちは、初演当日、演奏がはじまるやいなや、ヤジを飛ばしたり、口笛を吹いたり、足踏みしたり、大声でわめき散らしたりした。これだけで、オペラの荘厳な雰囲気は消え失せてしまったのだが、さらに騒動はつづく。

ロッシーニ（イタリア）
オペラ・ブッファ（喜劇的なイタリア歌劇）で成功し、『セビリアの理髪師』『ウィリアム・テル』、宗教曲『スターバト・マーテル』などがある。

第一幕の終わり近くで、いきなり一匹のネズミが舞台を走りまわり、つづいてネコがそれを追いかけ、もはや収拾がつかなくなった。状況から考えると、このネズミとネコの乱入も、偶然というより、パイジェルロ派が故意に起こした可能性が高いが、真相はわからない。

仮に偶然だったとしても、パイジェルロ派にとっては都合のいい事態となった。大騒動で、第二幕目の演奏はほとんど聴き取れないほどとなり、観客はつぎつぎに帰ってしまったのである。

このように散々だった初演だが、作品そのものが不評だったわけではないので、二晩目の上演からは大成功を収めた。二晩目の深夜には、人々がロッシーニのもとに押し寄せ、敬意を表したほどだった。

バロック音楽で有名なオーボエ協奏曲の本当の作者はだれ?

一七世紀から一八世紀半ばのイタリアは、あらゆる芸術の中心地として活気に満ちあふれていた。音楽では重低音や劇的表現が印象的なバロック音楽が隆盛(りゅうせい)を極めており、数多くの名曲がこの時期に生み出されている。

そういったなか、ヴェネチアでオーボエ協奏曲がつくられた。これは、第二楽章が一九七〇年の映画『ヴェニスの愛』で使われたことから脚光を浴びるようになった名曲で、今日ではオーボエ曲の定番となっている。

そんなオーボエ協奏曲には、作曲者がだれなのかはっきりしないという謎があった。この曲が出版されたのは一八世紀前半といわれているのだが、作曲者については二転三転し、二〇世紀まで真実がわからなかったのである。

当初、作曲者は、ヴェネチア貴族の家に生まれたベネデット・マルチェッロだと思われていた。彼は声楽曲を中心に、オラトリオやオペラなどの作曲を精力的におこなった作曲家で、それと同時に法学を修め、政治家としても活躍した多才な人物だ。

ところが、同時代にウィーンで活躍していたバッハがこの曲に注目し、チェンバロ協奏曲ニ短調に編曲して発表したさいには、『四季』で有名なヴィヴァルディが原曲の作曲者とされていた。バッハもまた、それを信じていたようである。

こうした混乱が生じた原因は、マルチェッロ同様、ヴィヴァルディもオーボエの協奏曲を手がけていたことにあったのかもしれない。作曲家としてのマルチェッロは、ヴィヴァルディにくらべ地味だったため、ヴィヴァルディ作曲説が広まっていたようだ。そして月日がたつうちに初版の楽譜が失われると、ヴィヴァルディ説とマルチェッロ説が錯綜(さくそう)する。

二〇世紀に入って、バッハの編曲をもとに原曲を復元しようとしたときには、ふたたびベネデット・マルチェッロ作曲ということになっていた。

バロック音楽の名曲として名高いオーボエ協奏曲の作者はヴィヴァルディなのか、マルチェッロなのか。この謎は歴史の迷宮へ入ってしまったかに思われたが、最近になって謎を解く鍵が発見されることになった。一七一七年ごろに出版されたオーボエ協奏曲初版の楽譜が見つかったのである。

初版楽譜の分析の結果、オーボエ協奏曲の作者は、ヴィヴァルディではなく、マルチェッロのほうに軍配があがった。ただし、これにはもうひとつ驚愕(きょうがく)の事実がある。真の作曲者として認定されたのは、マルチェッロはマルチェッロでも、ベネデットではなく、兄のアレッサンドロだったのだ。

アレッサンドロ・マルチェッロは、弟とともに小さいころから音楽教育を受け、ときには自宅でコンサートを開催するなど、演奏も楽しんでいたようだ。哲学者や数学者としても知られ、詩や絵画などにも才能を発揮した。まさにルネッサンスの申し子とでもいうべき人物である。

彼は、数は多くはないが、何作かの作曲も手がけ、オーボエ協奏曲もそのひとつだった。

こうして、この名曲の謎は、音楽活動の面では弟の陰に隠れていた兄の作品という意外な結末で幕を閉じた。オーボエ協奏曲のミステリーは、長い年月の旅をして、ようやく解決に至ったのである。

かの名曲『魔王』はシューベルトの作品ではない?!

一八一五年、当時一八歳のシューベルトは、ゲーテの詩『魔王(まおう)』を読んでいたく感動し、まるで何かにとりつかれたかのような情熱でもって同名の歌曲を作曲した。

「お父さん、お父さん、今、魔王がぼくを捕まえる……」と、日本語でも歌詞がつけられるなど、今も人気のあるこの曲は、誕生時にひとつの謎を残していた。シューベルトにとっては代表作ともいうべき名曲なのに、彼は当初、どういうわけか自作であることを否定していたのである。

シューベルトの書き上げた『魔王』の楽譜は、友人たちの手によってライプチヒの楽譜出版社トコプフ・ウント・ヘルテル社に送られた。それを受け取った出版社は、確認のため、シューベルトに楽譜のコピーと問い合わせの書類を送ったのだが、そこで彼から驚くべき手紙が返ってきた。

「こんな駄作(ださく)をつくった覚えはない。自分の名前が悪用されている」という怒りの込められた返事だったのだ。

友人たちは、彼が熱心に作曲しているのを目の当(ま)たりにしている。だからシューベルトが作曲したのはまちがいない。それなのになぜ、彼はちがうといいはったのだろうか。

自分の魂を削ってつくった曲を自分のものではないといいはるというのは、まるで狐につままれたような話だが、その謎を解く鍵(かぎ)は意外なところにあった。

じつは、シューベルトに非はなく、出版社のほうがまちがいを犯していたのであ

る。というのも、この出版社が確認の手紙を送ったシューベルトは、『魔王』を作曲したシューベルトとは、同姓同名の別人だったのだ。

じっさいに『魔王』をつくったシューベルト（だれもが知っている有名なフランツ・ペーター・シューベルト）は、当時すでに作曲を手がけてはいたものの、まだまだ無名の存在だった。そのため出版社は、ドレスデンの宮廷音楽家として活躍していた、コントラバス奏者のフランツ・シューベルトと勘違いしたため、そちらに送ってしまっていたのだ。

シューベルトはシューベルトでも、別人だったのだから、まちがえられた宮廷音楽家のシューベルトとしては、怒って当然だ。

シューベルト（オーストリア）
古典派とロマン派にまたがり活躍。「歌曲の王」と呼ばれる。『未完成交響曲』『糸を紡ぐグレートヘン』『野ばら』『魔王』『美しき水車小屋の娘』『白鳥の歌』など。

そして、無名の別人の作品を送りつけられたことで、自尊心を傷つけられたのだろう。

こうして、このときは、さしもの名曲も出版されることはなかった。しかも伴奏部分がむずかしいせいか、さほど評価されず、ようやく出版されたのは、六年後だったという。

「歌曲の王」として後世に名を残すシューベルトにも、こんな受難の時代があったのである。また、最初はこの曲を無視した詩人ゲーテも、のちに感動して評価し直したと伝えられるが、それがシューベルトの死後だったというのも皮肉な話である。

ビゼーの最期の言葉「カルメン……なぜ？」に秘められた謎

フランスの作曲家ジョルジュ・ビゼーのもっとも有名な代表作といえば、オペラ『カルメン』だろう。この曲は、情熱的なジプシー女カルメンと、彼女に恋した男ドン・ホセを主人公とするプロスペル・メリメの小説をもとにした歌劇である。

メリメの『カルメン』を読んだビゼーは、ドン・ホセさながらに女主人公カルメンに夢中になり、オペラ化を熱望したという。

自由奔放な女カルメンと、彼女を愛し溺れていくホセの恋愛模様を描き、音楽の合間を台詞でつなぐというオペラ・コミック様式でできているこのオペラは、今日では世界中で人気を博す作品となっている。

しかし、この『カルメン』には、いくつものミステリーがつきまとう。ビゼーが精魂こめてつくり上げた『カルメン』の初演は一八七五年三月。そのわずか三か月後、ビゼーは三七歳の若さで病没した。

そのとき、彼がいまわの際に残した言葉は、「カルメン……なぜ？」。臨終の言葉としては、ずいぶんと謎めいているが、ビゼーは何をいいたかったのだろうか。

『カルメン』のリアルで血なまぐさくて不道徳な筋立てや演出は、パリの上流階級の人々になかなか受け入れられなかったが、それが不本意だったのだろうか。ビゼーはこの言葉のあとに、何をいいたかったのか。今となっては、永遠に解けない謎だ。

また、ビゼーの最期については、『カルメン』にからむもうひとつの謎がある。ビゼーが危篤となった六月二日の夜、パリのオペラ・コミック座での『カルメン』上演中の出来事だ。第三幕のカルタ占いの場面で、

ビゼー（フランス）
南欧の地方色を取り入れた、歌劇『カルメン』、組曲『アルルの女』などが有名。『カルメン』は、死後認められ、フランス・ロマン派オペラとして世界的人気を呼んだ。

カルメン役のガリ・マリエがカルタを並べるとき、どういうわけか不吉なカードばかりが出つづけたのだ。

ガリ・マリエは胸騒ぎをおぼえながら舞台をつづけたというが、案の定、舞台終演と同時刻に、ビゼーは帰らぬ人となった。連続して出た不吉なカードは、ビゼーの死期が迫っていることを予言していたのだろうか。

もうひとつ、ビゼーと『カルメン』には、「三」の数字が妙についてまわるという謎もある。

『カルメン』の初演は三月三日（または三月一三日）で、ビゼーが死去したのは六月三日。しかも、『カルメン』の三三回目の上演が終わろうとしているときに、三〇代で死去している。この「三」の符合は、いったい何を意味するのか。

ビゼーの最期と『カルメン』の関係は、じつにミステリアスである。

演奏会中に、観客におしゃべりを促した
サティの奇行のわけとは

クラシック音楽はじっと静かに耳を傾けて楽しむもの。演奏中に騒いだりしては、せっかくの音楽が台無しだ。しかし、演奏会場が静寂に包まれると、なぜか猛烈に怒りだし、騒々しくするよう聴衆に仕向けるという作曲家が存在した。

それは、一九世紀から二〇世紀にかけて活躍した、『ジムノペディ』などで知ら

れるフランスの作曲家エリック・サティ。彼は『家具の音楽』の初演で、静まりかえっている聴衆に向けておしゃべりを促したという逸話が残っている。

作曲家はだれかに聴かせるために曲をつくるのがふつうで、自分がつくった曲は、かけがえのない「魂」のようなものである。その曲にたいして、聴衆は静かに耳をすませるのが当然だろう。それを静かにするなというのは、なんとも理解に苦しむところである。サティはなぜそんな奇妙な行動をとったのだろうか。

その理由は、意表をつくものだった。そもそも『家具の音楽』は、だれかに聴かせるためにつくられた曲ではなかったのだ。つまり、この曲は「家具のように、その存在を意識されない音楽」という趣旨でつくられた、今ならさしずめBGMとでもいうべき音楽だったのである。

サティは、一九二〇年、パリの画廊で『家具の音楽』の初演をおこなっている。この曲は、くり返し中心の小品で、演奏会の休憩中に演奏されることになっていたが、プログラムには、「休憩中に演奏される音楽には気をとめないように」という注意書きが添えられていた。

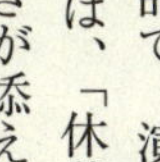

サティ（フランス）
アカデミズムを嫌い作曲はほぼ独学。自作に奇妙な題を付けるなど奇行で知られたが、作風は新古典的。ピアノ曲『グノシェンヌ』、バレエ音楽『パラード』など。

ところが、休憩中に『家具の音楽』が演奏されはじめると、人々がおしゃべりをやめ、静かに聴き入ってしまったから、サティはあわてた。彼は思わず場内をかけまわって「おしゃべりをはじめて！　歩きまわって！」と怒鳴ったという。あげくのはてには「聴くんじゃない！」とまでいったとか。

音楽を聴くための演奏会で、聴くなと怒鳴る作曲家。曲本来の趣旨とは異なる成り行きに慌てふためくサティと、あっけにとられた客の姿が目に浮かぶようだ。

このように、サティが演奏中のおしゃべりを勧めたのは、音楽そのものの新しい方向性を見いだそうとした彼の挑戦ゆえの行動だったのである。

ちなみに、初演時の混乱が影響したのかどうかは定かではないが、『家具の音楽』の楽譜は、まるでその存在をかき消すかのように、長いあいだ埋もれることになった。そして、一九七九年になってようやく発見されるという経緯をたどっている。

3章

ミステリアスすぎる天才の素顔と人生に迫る

●例えば、耳の不自由なベートーヴェンが作曲できた秘密って?

耳の不自由なベートーヴェンが作曲できた秘密って？

ルートヴィヒ・ヴァン・ベートーヴェンが、音楽家にとって致命的ともいえる耳の障害に侵されながら、作曲家としての仕事をつづけていたというのは有名な話である。

この耳の障害は年々悪化し、晩年の大作交響曲第九番『合唱』に取り組んでいたころには、まったく聞こえなくなっていたともいう。

第九初演の第二楽章終了時、感動した聴衆の拍手喝采は一向にやまなかったが、聴力の衰えたベートーヴェンはそれに気づかず、オーケストラのほうを向いたままで、団員の指摘によってはじめて客席を振り返った……というエピソードも残されている。

これほど耳の状態はひどいものだったのに、ベートーヴェンはどうして作曲ができたのだろうか。

いくら天才とはいえ、自分のイメージした旋律がどんな音なのかを確かめるには、じっさいにピアノを弾くなどしてみる必要があるだろう。

そうでなければ曲をつくることなどできないのではないかと思えるが、ベートーヴェンはこの問題をどのようにして解決したのだろうか。

よくいわれるのが、「かつて聞こえていたときの記憶によって、音を正確に再現できた」という説である。楽譜を見ただけで、どんな音かわかったのだとしたら、まさに神業というべきだろう。

これにたいして、異説も出ている。江時久氏が、その著書『ほんとうは聞こえていたベートーヴェンの耳』（NTT出版）のなかで、「ベートーヴェンは、自分が弾くピアノなど、すぐ近くの楽器の音は聞こえていた」という説を唱えているのである。

それによると、ベートーヴェンの耳の異常は、あぶみ骨という中耳の骨の固着によって起こる難聴、つまり、あぶみ骨固着ではないかという。

あぶみ骨が固着して振動できなくなると、人の話し声や遠くの楽器の音などが聞こえなくなる。

しかし、自分が弾くピアノの音のように、すぐ近くの音は聞こえるらしい。

この説の根拠のひとつとして、江時氏は、ベートーヴェンは、肖像画のモデルになっているとき、すぐ後ろでピアノの練習をしている甥のカールが失敗すると、まちがいをすべて訂正させたというエピソードをあげている。

ほんとうに耳が聞こえないのなら、自分の背後で起こったピアノの失敗に気づくはずはない。

また、当時は鍵盤楽器の進歩が目覚ましく、ピアノもどんどん改良されていたのだが、ベートーヴェンは、たびたび新しいピアノを入手し、そのピアノに合わせて作曲の音域を変えていたという。

耳が聞こえず、頭のなかだけで作曲していたのなら、ピアノを買い替える必要はない。

となると、江時氏の推理どおり、ベートーヴェンは、間近の音なら聞こえていて、自分の弾くピアノの音を確認しながら作曲していたのだろうか。「楽聖」と呼ばれる大作曲家だけに、興味の尽きない謎である。

売れっ子のシューベルトがなぜ貧乏に苦しんだのか

フランツ・ペーター・シューベルトは、三一歳の若さで亡くなったため、作曲家として活動した期間は一四年ほどにすぎないが、その短いあいだになんと一〇〇〇曲以上の作品を生み出した。そのうち歌曲が六〇〇曲以上あり、今日では「ドイツ歌曲の王」と呼ばれるほどである。

彼の楽譜がはじめて出版されたのは一八二一年、二四歳のときであり、以来、多くの曲が出版された。ヒット作も少なくなく、当時の人気作曲家だったことはまちがいない。

それなのに、シューベルトはたいへん貧しく、一生涯、貧乏に苦しみつづけた。財産がないために結婚ができず、自分の家がもてず、商売道具であるはずのピアノすら買えなかったというほどで、その貧窮ぶりは、彼の遺品目録からも見て取れる。

シューベルトの遺品は、衣料品や毛布、古楽譜など、合計六三フローリン足らず。最低のクラスでおこなわれた彼の葬儀代が、墓地と埋葬費用をふくめて一九八フローリンかかったというから、全財産合わせても、その三分の一に満たなかったことになる。

生前から楽譜がよく売れており、特別浪費癖があったわけでもないシューベルトが、どうしてそれほど貧しかったのか。『魔王』や『ます』の作曲者として、日本でも広く親しまれている人物だけに、それは大いなる謎である。

志鳥栄八郎氏は『名曲ものがたり(下)』(音楽之友社)において、貧困の原因をシューベルトの人のよさに求めている。

シューベルトは、遠慮深くて無欲で、地位や名誉や金に頓着せずにひたすら作曲をつづけた。時間があれば作曲するという、根っからの音楽家だったのだ。そのため、楽譜が売れても、まともに出版社と交渉せず、利益は出版社のものになるばかり。シューベルトにはスズメの涙程度の金額しか入らなかった。それでも、シューベルトはじゅうぶん満足していたというのである。

これにたいして、辻荘一氏は、『新訂　大音楽家の肖像と生涯』(音楽之友社)のなかで、別の見解を示している。

シューベルトは、オペラでの成功を望んでいたのではないかと推論しているのである。

シューベルトは、前述のとおり、連作ものをばらばらに数えれば、六〇〇以上の歌曲を作曲しているが、歌曲に精魂を傾けていたにしては、歌詞選択のセンスに欠けている。

そのいっぽう、オペラ『アルフォンゾとエストレルラ』の台本を友人のショーバーに依頼するさい、いつも冷静であっさりしているシューベルトが、めずらしく熱心になっていたというエピソードが残されている。

また、シューベルトの時代にオペラ作曲がブームになっていたことなどから考えると、彼はオペラでの成功を望んでいたが、それがうまくいかなかったのではないかというのである。

はたして、シューベルトは、心底歌曲の作曲を愛した無欲の人だったのか、それともオペラでの成功をめざしていたのか。いつかこの謎の解ける日がやってくるのだろうか。

モーツァルトと同姓同名の音楽家が実在した

ヴォルフガング・アマデウス・モーツァルトといえば、だれもがその名を知っている。『魔笛』『フィガロの結婚』『トルコ行進曲』『ジュピター』など、数々の名曲を今に伝える天才作曲家だ。

ところが、そのヴォルフガング・アマデウス・モーツァルトに、同姓同名の別人がいたということを知っている人はそれほど多くない。

もうひとりのモーツァルトがどういう人物なのかというと、幼いころから、母コンスタンツェの薫陶により、音楽の英才教育を受けて育った作曲家である。彼は、ピアノはフンメルに、作曲はフォークラーに、声楽の作曲はサリエリにと、ベートーヴェンを除く、当時のウィーンの著名な音楽家たちから指導を受けている。これ以上ない音楽的環境のもとで育った、生粋のサラブレッドだったのだ。

そのかいあって、もうひとりのモーツァルトは、めきめきと頭角を現した。一六歳のときには、サリエリが「彼は将来、成功をもたらす天賦の才能をもっている」と褒めたたえるほどだったという。

その後、いくつかの作品を発表し、そのままウィーンで成功するかに見えたが、彼は安定した地位にはつけず、生活は常に苦しかった。そしてついには不遇のうちに亡くなっている。

もちろん後世に名が残ることもなく、同じモーツアルトでも、もうひとりのモーツァルトの作品は、現在ではほとんど聴くことができない。

しかし、ファーストネームばかりか、ミドルネームまでモーツァルトと同じ。しかも同じ音楽家というのは、あまりにできすぎた偶然というべきではないか。

じつは、これには裏がある。もうひとりのモーツァルトは、元の名をフランツ・クサーヴァー・ヴォルフガング・モーツァルトという。あの天才作曲家モーツァルトの息子だ。彼の母親は夫の姿をこの息子に重ね合わせ、天才ピアニスト二世として育てるために、父と同じ名前に変えたのである。

モーツァルトが三五歳でこの世を去ったとき、末息子のフランツはまだ生後四か月にすぎなかった。

フランツには五人の兄と姉がいたが、多くが早世し、残ったのは自身と次兄のカール・トマスとのふたりだけだった。このカール・トマスを知人に預けた母コンスタンツェは、末っ子のフランツを第二のモーツァルトにしようと、一流の師をつけ、音楽の英才教育をほどこす。その手始めに、息子の名前を父と同じヴォルフガング・アマデウスに変えてしまったのである。

こうして、同姓同名の別人、じつは父子という関係ができあがったのだが、それが彼を生涯苦しめることになった。

たしかに彼もそれなりには才能を示した。しかし、どこにいっても「あのモーツァルトの息子」という肩書がついてまわり、「いつかは父を超えるはず」という重圧に押しつぶされることになった。

しかも、彼の悲劇は自分の死後にまでついてまわった。死後も、父と同じ名前だけが独り歩きして、しばしば父と混同された。死んでもなお、父の存在は偉大すぎたようである。

ドイツ人のマルティーニが異常なほどイタリアに執着した理由

一八世紀から一九世紀にかけてフランスで活躍し、宮廷音楽家にもなった作曲家に、ジョヴァンニ・パオロ・マルティーニという人物がいる。

彼は、どこの国の出身だと思うだろうか。

この名前からすると、どこから見てもイタリア系なので、彼もイタリア人だと思うかもしれない。しかし、マルティーニは、イタリア系でも、イタリア国籍でもない。

マルティーニの本名は、ヨハン・パウル・エイギディウス・シュヴァルツェンドルフ。生粋のドイツ人なのである。

彼は、一七歳のときにフランスに移住し、イタリア系の名前に改名した。

イタリアに移住したのなら、イタリア系の名前に変えるのもわかるが、フランスに住むというのに、この改名は不可解だ。

どうして本来のドイツ系の名前でも、第二の故郷に定めたフランス系の名前でもなく、イタリア系の名前に変えたのだろうか。

マルティーニ（ドイツ）
ドイツの出身で、本名からイタリア風に名前を変える。パリ音楽院の教授なども務めた。「愛の喜びは短いが、愛の苦しみは生命ある限り続く」という『愛の喜びは』で有名。

じつは、これは彼一流の処世術だった。

当時の音楽界は、イタリア人の勢力が強く、イタリア人はどんどん出世していくのに、ドイツ人やフランス人の作曲家たちは、なかなか評価されなかった。

そこで、彼は、イタリア人のように見せかけようと、イタリア風の名前に改めたのである。

この作戦が功を奏してか、マルティーニは、宮廷学長やパリ国立音楽院の監察官にまで出世し、教授にもなることもできた。

彼の作品のなかで名曲として今日まで演奏されているのは、歌曲『愛の喜びは』だけなのだが、ここでもイタリア人がつくった歌のように見せたかったのか、歌詞はイタリア語になっている。

この曲は、題名からして恋愛賛歌と思われがちだが、それは誤解だ。「愛の喜びはほんのひとときのことで、苦しみが一生つづく……」といった意味の歌詞からはじまる失恋の歌である。

マルティーニがどういう経緯でこの曲をつくったのかは明らかでない。後世に残された曲が一曲だけで、その作曲の背景がわからないというイタリア名のドイツ人。マルティーニはまさしく謎の作曲家といえるかもしれない。

高齢になるまで、なぜか才能を認められなかったブルックナー

多数の名曲を残した有名作曲家というと、若くして頭角(とうかく)を現した天才といったイメージが思い浮かぶが、なかにはかなり年をとってから認められた大器晩成型の人物もいる。その典型ともいうべきは、一九世紀オーストリアで活躍したヨーゼフ・アントン・ブルックナーだろう。

彼の交響曲が最初に成功したのは、一八八四年一二月にドイツのライプツィヒで交響曲第七番が演奏されたときで、この年、ブルックナーはなんと六〇歳を迎えている。しかも、ウィーンでの成功は、これよりさらに八年ものち、一八九二年一二月の交響曲第八番の初演時なのだ。

これほど高齢になってから脚光を浴びるようになった作曲家というのもめずらしいだろう。

どうしてブルックナーほどの才能が認められるのに、これほど長い年月を要したのだろうか。

ブルックナーが音楽家を志した時期が、そう遅かったわけではない。一三歳のと

きに、近所の修道院の聖歌隊に入った彼は、毎日オルガンの響きを耳にしながら暮らすうち、音楽のすばらしさに魅了され、そこで音楽の道を進もうと決心している。

ただし、作曲の勉強をはじめたのは、多くの作曲家たちにくらべてずいぶん遅い。

ウィーン音楽院の門をたたき、師となるゼヒター教授から音楽理論や作曲法を学ぶようになったのは、三〇歳を過ぎたころだった。

それでも、教えを受けたブルックナーの進歩は目覚ましく、彼の交響曲第一番は、四〇代半ばで完成。その二年前につくられた交響曲も、のちに発見されている。

六〇歳以前に書かれた曲を見ても、ワグナーに捧げて評価された交響曲第三番『ワグナー』、今日も人気の高い交響曲第四番『ロマンティック』といった名曲がある。

これらの曲を発表したときにすぐに認められていてもよさそうなものなのに、どうして喝采を浴びるのが、これほど遅れたのか。

その理由は、当時のオーストリアやドイツの音楽界に渦巻いていた派

ブルックナー（オーストリア）
教会のオルガニストを務めながら宗教音楽を作曲。ワグナーの影響を受ける。後期ロマン派を代表。交響曲、弦楽五重奏曲、ミサ曲『テ・デウム』など。

閥争いにあったといわれている。

一九世紀後半のオーストリアやドイツの音楽界では、リストやワグナーなど感情表現の激しい「新ドイツ楽派」と呼ばれるグループと、ブラームスや批評家のE・ハンスリックなど「バッハ、ベートーヴェンに帰れ」と主張する「新古典派」が対立していた。

ブルックナーは自身の交響曲を捧げるほどワグナーのファンであり、それを隠そうとしなかったので、新古典派ににらまれたとされている。

しかも、一八六八年からブルックナーが住んでいたウィーンは、新古典派の根拠地で、ハンスリックが大きな勢力をもっていた。このハンスリックが、ブルックナーを目の敵にして叩いたのだ。

そのため、ブルックナーは、なかなか正当な評価を受けられず、注目を浴びるのが遅かったのだといわれている。

ショパンがピアノ曲ばかり書いていたのはなぜ？

ポーランド出身で、のちにフランスで活躍したフレデリック・ショパンは、生涯に作曲した曲のほとんどがピアノ曲という、めずらしい作曲家である。

ポーランド独特のマズルカやポロネーズをはじめ、エチュード、コンチェルト、ワルツ、ソナタなど手がけた分野は多岐にわたっているのに、その圧倒的多数がピアノのために書かれている。そのため、彼は「ピアノの詩人」と呼ばれるほどだ。

なぜショパンはそれほどまでピアノ曲にこだわったのか。ピアノ曲以外つくれない理由が何かしら存在したのだろうか。

それは、彼がピアノのヴィルトゥオーソだったことと関わりが深いといわれている。

ヴィルトゥオーソとは、超絶技巧で楽器を操る人気演奏家のこと。一九世紀には、常人にはまねできない超絶技巧の演奏家たちが、各地を演奏旅行しては、「ヴィルトゥオーソ」と呼ばれてもてはやされていた。

ショパンも、そんなヴィルトゥオーソのひとりだった。一九世紀のピアノ界にあって、ピアニストとしても、リストと並ぶ二大巨匠だったのである。そんなショパンにとって、作曲はピアノと深く結びつき、切っても切れない関係にあったと考えられている。

ベートーヴェンをはじめとして、彼以前にも、作曲するときにピアノを弾いたり、作曲のかたわらピアニストとして活躍した音楽家はたくさんいたが、ショパンは彼らとはちがった。ショパンは、作曲しながらピアノを弾くのではなく、演奏しながら新しい曲を生み出していくという作曲家だったのである。

とはいえ、ショパンがピアノ曲しか作曲できなかったわけではない。当時の音楽家は、音楽なら何でもできるのが常識であり、正規の音楽教育を受ければ、作曲に必要なさまざまな楽器の知識が身についた。

ショパンも、ワルシャワで正規の音楽教育を受けたから、ピアノ以外の曲もつくれたし、じっさい、若いころにはいくつかの管弦楽曲も作曲している。

ただ、それらの曲は、ピアノ曲ほどの名曲にはなれなかった。ショパンの作品は、ピアノによるものでなければ、独自性をほとんど発揮しな

ショパン（ポーランド）
「ピアノの詩人」と呼ばれる。ピアノ曲「24の前奏曲」や、2曲のピアノ協奏曲のほか、バラード、夜想曲、ワルツ、ポロネーズ、ソナタなど。

いのである。

それは、後世に管弦楽化されたショパンの曲からもわかる。ショパンのピアノ曲を管弦楽用に編曲した曲は、原曲の魅力や楽想がそこなわれ、平凡な曲になってしまう。

ショパン自身がそれをよくわかっていた。それで、ピアノ曲ばかり作曲しつづけたのではないだろうか。

悪魔的と恐れられた パガニーニの超絶技巧の秘密

前述のように一九世紀の音楽界では、ヴィルトゥオーソと呼ばれる超絶技巧をもつ演奏家がもてはやされたが、その先駆けとなったのは、イタリア出身の作曲家で、ヴァイオリン奏者でもあるニコロ・パガニーニである。

パガニーニは、そのあまりにも人間離れしたテクニックにより、悪魔的と恐れられた。また、演奏するときに、ロウソクの照明に浮かび上がる痩せた風貌が悪魔を連想させることや、性格が破天荒だったことも、信心深い人々の恐怖を倍加させた。

やがて、「パガニーニは悪魔と契約を結んでいる」という噂が流れると、人々は

この噂を信じ、彼の名前を耳にしただけで、十字を切る者もいたという。

果ては、彼がフランスのニースで亡くなり、遺体が故郷のジェノバに運ばれたとき、ジェノバの人々は祟りを恐れて引き取りを拒否した。さらに、やむなく遺体がニースに送り返されると、こちらでも拒否され、最後にようやく地中海の孤島に埋葬（まいそう）されたと伝えられている。

では、悪魔的と恐れられるほどの超絶技巧が、どうして可能だったのか。

一説によると、パガニーニは独特の新しい調弦（ちょうげん）技術を身につけていたのではないかという。その調弦技術によって、演奏中にヴァイオリンの弦をすばやく調整できたというのである。

彼の伝記『パガニーニ伝』の著者ユリウス・カップによると、パガニーニの指は、ふつうの人では不可能なほど大きく開いたという。この特殊な指の能力のおかげで彼は、手の位置を変えずに、ヴァイオリンの弦に触れている左手の指先の関節を、直角に横に曲げることができたらしい。

人間の指の関節が、それほど器用に曲げられるものか疑わしいが、それを病気がもたらした副産物と考えれば、つじつまが合うかもしれない。

エルネスト・W・ハイネの『大作曲家の死因を探る』によると、パガニーニの指の器用さは、彼の異常な体形と関係あるという。

パガニーニは、痩せた体にしては異常に大きな肩をもち、クモのような指をしていた。これはある病気に特有の症状で、人並み外れた指の器用さは、その病気によるものではないかというのである。じっさいにパガニーニを診察した医者も、みなそのことを認めている。

病気によって超絶技巧を手にした代わりに、世間からは悪魔と恐れられる。天才の代償は大きいといえよう。

ドニゼッティが異常なほど速筆だった謎

一九世紀イタリアの作曲家ガエターノ・ドニゼッティは、二十数年の活動期間中に、オペラ七〇曲以上、その他六〇〇以上の曲をつくっている。その数の多さはモーツァルトに比肩し、活動期間に比しても他の追随を許さない。その理由は、彼がめっぽう筆が速かったことにある。

ドニゼッティはもともと速筆だったようだが、とくに、一八四五年に脳卒中の発作で倒れる前後に拍車がかかっている。

たとえば、一八四〇年にパリで初演されたオペラ『ファボリータ』に関しては、友人宅を訪れていて、急用のできた友人夫妻が三時間ほど外出しているあいだに、第四幕を完成させてしまったというエピソードが残されている。

また、一八三六年秋にナポリで初演され、彼の代表作といわれているオペラ『ルチア』は、作曲にわずか六週間しか要さなかったといわれている。

一八三二年五月に初演された『愛の妙薬』も、二週間で書き上げられた。

ミラノのカノッビアーノ劇場で、新作オペラの稽古に入る予定の二週間前になって、当初依頼していた作曲家が曲をつくれなくなった。困っ

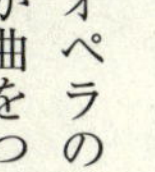

ドニゼッティ（イタリア）
生命感に満ちた流麗な旋律を特色とし、明朗で洗練された作風。オペラの作曲に幅広く活躍した。作品『ランメルモールのルチア』『愛の妙薬』など。

た支配人が、ドニゼッティに「このさい旧作の焼き直しでもいいから」と頼んだところ、みごと期限内に『愛の妙薬』を完成させたという。

オペラの作曲といえば、通常ならば何か月もの時間を要する大仕事で、一朝一夕にできるものではない。それにもかかわらず、どうしてドニゼッティは、これほど速く作曲できたのだろうか。

それには、ドニゼッティの病気が関係しているかもしれない。

一八三七年に妻と生まれたばかりの息子を相次いで亡くすと、ドニゼッティは、失意と孤独に打ちのめされ、体の不調を訴えたり、さらには死の恐怖に怯(おび)えるようになる。

彼はそれ以前にも両親とふたりの子供を亡くしており、あまりに悲劇的な顛末(てんまつ)に耐え切れなかったのだろう。冬の厳しい寒さをしのぐためにウィーンからパリへ移ったころには、すっかりノイローゼ状態になっていた。

その後、病は悪化の一途をたどり、一八四六年、ドニゼッティは、パリ郊外の精神科病院に収容される。

翌年九月には故郷であるイタリアのベルガモに移されたが、病状は回復せず、一八四八年の四月に死亡した。

しかし、ドニゼッティの死因は、たんなるノイローゼというわけではなく、別の病を併発していたともいわれている。

当時の医学では、死後に遺体を解剖しても原因を突き止められなかったが、一九六〇年ごろになって、解剖所見や病状から、彼は梅毒で、それが精神をも浸(おか)して死亡したと考えられるようになった。

そして五島雄一郎氏が『音楽夜話　天才のパトグラフィ』（講談社）で指摘するところによると、作曲家には、梅毒(ばいどく)による麻痺(まひ)性発作を起こす数年前に、創作力が亢進する傾向が見られるという。ドイツのロベルト・シューマンや、チェコのベドルジハ・スメタナがその例で、ドニゼッティも、脳梅毒による麻痺性発作を起こしていたとみられるのだ。

彼らは本能的にみずからの死期を悟り、それに対する反動で曲を量産したのかもしれない。

マーラーの曲に なぜか「死」の影が漂うわけとは

一九世紀から二〇世紀にかけてウィーンの音楽界で活躍したグスタフ・マーラーの作品は、厭世観に満ちあふれ、「死」がよく表現されている。なかでも、とりわけ悲愴な曲といわれているのが、交響曲第六番だ。

この曲を聴けば、マーラー自身が厭世的な人間で、悲劇的な状況に追いつめられたときにつくられたものだろうと想像できる。ちょうどこのころ、彼は娘を亡くしており、そのことが原因で「悲劇的」と呼ばれるようになったというのが一般的な説である。

しかし、マーラーの人生をたどってみると、どうも、彼が悲愴な心境でこの曲を書いたとは思えない。

たしかにマーラーは、一九〇七年に長女のマリアを亡くしている。しかし、第六番が完成した一九〇五年には、マリアはまだ健在だったし、次女のアンナも生まれていた。相思相愛で結婚した愛妻アルマとのあいだに、マリアとアンナというふたりの娘がおり、いたって幸せな家庭生活を営んでいたのである。

それに、この曲の第一楽章は、全体的な印象としてはたしかに重苦しいが、第二主題は伸びやかに歌われる旋律で、「アルマの主題」と名づけられている。愛妻アルマを主題のなかに焼きつけた、とても家庭的な曲だったのだ。アルマ自身も、夫の曲のなかでも第六番をもっとも愛し、「彼とわたしの第六番」と語っていたという。

では、そもそも、マーラーの曲全般に「死」の影が漂うのはどうしてなのか。

桜井健二氏は、その著書『マーラー　私の時代が来た』(二見書房)のなかで、マーラーが家族や友人の死を数多く経験していることを、理由のひとつとしてあげている。

マーラーは、少年時代に弟四人と妹ひとりを亡くしている。長じてからも、一三歳年下の弟が厭世的な遺書を残してピストル自殺。また、音楽院時代の友人ハンス・ロットも、精神を病んで亡くなった。身近な人間を何人も亡くし、マーラーには死の意識が焼きつけられたのだ。

それに加えて、性的な意識が彼を悩ませた。性的衝動はとめどなくあふれてくるが、当時は梅毒が流行していたから、死を思わずにはいられなかった。

桜井氏は、こういった状況が、マーラーの「死」への執着の原因になったのではないかという。

ことの真相は不明だが、おそらくその答えを知っているのはマーラーのつくった曲だけなのだろう。

バッハの「埋もれた名曲」を復活させたメンデルスゾーン

数あるバッハの作品のなかでもとりわけ高い評価を得ているのが、『マタイ受難曲』である。この曲は、「クラシック音楽の最高傑作」ともいわれ、多くの人に絶賛されている。

それほどの名曲である『マタイ受難曲』だが、じつはバッハの死後人々から忘れ去られ、ほとんど演奏されることもなくなった。それをメンデルスゾーンが奇跡的に復活させたとされ、彼がいなければ、バッハに今日の名声はなかったのではないかといわれるほどだ。

それではなぜ、一時的にせよ、これほどの傑作が埋もれてしまったのだろうか。

『マタイ受難曲』は、バッハがドイツのライプツィヒの聖トーマス教会で、カントール（合唱長）を務めていたときに作曲し、一七二七年の聖金曜日（復活祭の二日前）の祈りの時間に初演された。しかし、聴衆の大半は感動するよりも困惑したという。

それまでの受難曲とはあまりにもかけ離れたものだったからである。

受難曲とは、聖書に書かれたキリスト受難の物語に音楽をつけたもので、それまでは長くても一時間ほどの曲だった。

ところがバッハは、後世流行する「オラトリオ受難曲」という形式をはじめて打ち出した。オラトリオは、聖書の本文を歌い上げる合間に、アリア（自由詩の独唱）を挿入するオペラのような曲のため、従来の受難曲にくらべて長尺（ちょうしゃく）となる。『マタイ受難曲』は、三時間以上にわたる大曲となった。予想外の長さとなじみのない音楽形式に、多くの人々がとまどったのも当然かもしれない。

そして、一七五〇年にバッハが亡くなる

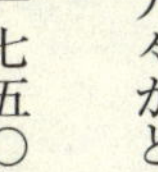

メンデルスゾーン（ドイツ）
バッハの宗教音楽を復興させ、ドイツ前期ロマン派の作曲家として、交響曲、ヴァイオリン協奏曲、劇音楽『真夏の夜の夢』、ピアノ小曲集『無言歌』などを作曲。

と、『マタイ受難曲』はしだいに忘れられ、闇に埋もれることになる。

それでは、メンデルスゾーンは、どのようにしてこの埋もれた名曲を掘り起こし、復活させたのだろうか。

これには、彼の祖母が果たした役割が大きかったといわれている。メンデルスゾーンの一四歳の誕生日に、祖母が『マタイ受難曲』の楽譜の筆写をプレゼントしたのだ。忘れ去られた名曲とはいえ、楽譜の筆写は伝わっていたのだろう。

やがて成長したメンデルスゾーンは、友人のオペラ歌手デブリエントや、ベルリン合唱協会会長を務めていた師匠のツェルターの協力を得て、一八二九年、ベルリン合唱協会大ホールで、『マタイ受難曲』を復活上演した。指揮をしたのは、二〇歳になったばかりのメンデルスゾーン自身だった。

この復活上演により、『マタイ受難曲』とバッハの真価が再評価され、『マタイ受難曲』はクラシックの最高峰、バッハは「音楽の父」とまでいわれるようになったのである。

メンデルスゾーンは、自身も大作曲家であり、指揮者としても活躍したが、それに負けず劣らず、バッハを復活させた功績が評価されている。

大作曲家ヴィヴァルディがなぜ貧しい最期を迎えたのか

在世中に名を成した有名な作曲家であれば、晩年の足取りもはっきりしているはず……と思うところだが、だれもがそうとはかぎらない。バイオリン協奏曲『四季』をはじめ、数々の名曲を生み出したイタリアバロックの巨匠アントニオ・ヴィヴァルディの晩年は、謎に包まれている。

ヴィヴァルディは、ベネツィアの生まれで、幼いころからカトリック教会の聖職者をめざし、司祭の資格を得たが、ほどなく司祭を辞し、教会付属のピエタ慈善院の教師になって、バイオリンや作曲を教えるという道を選んだ。

当時のベネツィアは国際的観光都市だったため、売春が横行し、多くの私生児が存在した。ピエタ慈善院は、そういった身寄りのない女の子を育て、音楽を教える施設だった。ヴィヴァルディは、音楽の道で自立しようと熱心に学ぶ少女たちのために、多数の器楽協奏曲を作曲。それらの曲は、少女たちのオーケストラと合唱団による、定期演奏会で披露されたという。

もしヴィヴァルディがずっとこの慈善院にとどまっていたのなら、決して彼の晩年は謎めいたものとはならなかっただろう。

ヴィヴァルディの曲は、ピエタ慈善院での演奏会によって有名となり、楽譜も出版されたし、オペラの上演でも成功した。当然、それなりの財産も得られたはずである。

しかし、彼は突然謎の行動を起こす。一七二五年から、ピエタ慈善院を一〇年間も休職して各地を演奏旅行し、一七三五年に復職したものの、一七四〇年秋にはふたたびベネツィアを去って、翌年七月にウィーンで死亡しているのだ。

二度目の出奔の理由はわからない。帰国してからの五年間は、相変わらず作曲してはいたものの、すでに往年の人気はなくなっていた。作曲家としてのピークを過ぎただけとの見方もあるが、音楽評論家の萩谷由喜子氏は『作曲家おもしろ雑学事典』（ヤマハミュージック・メディア）のなかで、別の説を唱えている。

ヴィヴァルディは、かつての教え子アンナ・ジローというアルト歌手に再会して、その魅力の虜となり、さらに彼女の妹パオリーナも呼び寄せて、三人で同棲をはじめた。そのため、一大スキャンダルとなり、評

ヴィヴァルディ（イタリア）
バロック期を代表する音楽家。合奏協奏曲集『調和の霊感』、ヴァイオリン協奏曲集『熱狂』、『和声と創意の試み』（『四季』をふくむ）。今日知られていない作品も多い。

判を落としたのではないかという。
　ヴィヴァルディは周囲の白眼視に耐えきれず、郷里を出奔したとも考えられる。しかしその後、ヴィヴァルディが亡くなるまでどういう暮らしをしていたのか、どういう足取りでウィーンにたどりついたのかはわからない。しかも、彼が埋葬されたのは、貧しい人々のための共同墓地で、葬儀の費用は、ウィーンで最低に近いランクだった。墓地と葬儀から判断すると、ヴィヴァルディは貧困のうちに亡くなったことになる。
　最近では、まったくの無一文だったわけではないのでは、という意見も出ているが、それでも作曲家として名声を得、多額の収入があった人の最期としては、不可解だといわざるをえない。
　ベネツィアを出てからわずか一年足らずのあいだに浪費してしまったのだろうか。それは今も大きな謎として残されている。

ヴェルディが、イタリアの独立運動にもたらした影響とは

一九世紀半ば、オーストリアの支配のもと十数か国の小国に分立していたイタリアで、国家としての独立と統一をめざす運動が起こった。そのとき、愛国者たちの旗印として、その名をたたえられた作曲家がいる。数々の名作オペラを生み出したジュゼッペ・ヴェルディである。

イタリア統一運動のスローガンが「ヴェルディ万歳」だったというほどだから、ヴェルディにたいする尊崇は相当なものだったといえる。

自国の有名作曲家ということで、もち上げるのはわからなくもないが、政治的運動のシュプレヒコールに一作曲家の名前が用いられるというのは、どうにも理解に苦しむところである。それほどヴェルディは、イタリアの愛国者たちに人気があったのだろうか。それとも何かほかの理由が隠されているのか。

じっさい、ヴェルディは、政治的な意味合いでもイタリア人に愛されていたようだ。彼は、一八四八年にはじまる独立運動に参加したことがある。そのこともあって、彼の作品は愛国主義的と見られていた。

たとえば『レニャーノの戦い』などは象徴的だ。この曲は「イタリア万歳！」の合唱にはじまる。独立運動家たちが政治的な作品と解釈し、祭り上げても不思議はない。独立運動以前に発表されたオペラ『ナブコドノゾル（ナブッコ）』にも、「行け、思いよ！　金色の翼に乗って」という合唱部分がある。

ヴェルディ自身が政治的思想をふくませていたのかどうかは定かでないが、作品は彼の思惑（おもわく）をはるかに超え、愛国者たちに愛国歌としてとらえられた。

しかし、ヴェルディ人気の理由は、それだけではない。じつは、彼の政治的な活動やオペラ作品の内容以上に、「Verdi」という名前のつづりが、愛国者たちにとって大きな意味をもっていたのだ。

当時の愛国者たちが、統一イタリアの国王として戴きたいと望んだのは、地中海に浮かぶイタリアの小国のひとつであるサルデーニャの王ヴィットーリオ・エマヌエーレ二世だった。「イタリア王ヴィットーリオ・エマヌエーレ（Vittorio Emanuele Re d'Italia）」の頭文字をつなげば、「Verdi」に通じる。

ヴェルディ（イタリア）
イタリアのロマン派歌劇を代表。『リゴレット』『トロヴァトーレ』『椿姫』『アイーダ』『オテロ』『ファルスタッフ』のほか、『レクイエム』など。

士気を上げ、団結力を強めるために、本来なら、「イタリア王ヴィットーリオ・エマヌエーレ万歳！」と叫びたいところだが、そんなことを口にすれば、たちまち捕らえられてしまう。そこで、偶然にも頭文字が同じになる「Verdi」の名前に思いを託して、「ヴェルディ万歳！」と叫んだのである。

イタリアでは、今日でもこのエピソードが学校教育で子供たちに教えられ、ヴェルディは、祖国独立に貢献した偉大な作曲家としてたたえられているという。

イタリア独立の象徴とされたヴェルディは、その人気に便乗して、作曲家以外の道にも進んでいる。

一八六一年にイタリア王国の独立が実現し、ヴィットーリオ・エマヌエーレが即位すると、ヴェルディは宰相の頼みで国会議員選挙に出馬し、みごとに当選。そしてイタリアの第一回国会に参加しているのである。

『老年のいたずら』に隠されたロッシーニの引退の真相

一九世紀イタリアの作曲家ジョアッキーノ・アントニオ・ロッシーニは、オペラを中心に作曲活動をおこない人気を博した。彼の『セビリアの理髪師』や『アルジ

ェのイタリア女』はだれもが知る名曲だ。

しかし、一八二九年、三九作目のオペラ『ウィリアム・テル』で大成功を収めたのち、彼はオペラ創作をぷっつりとやめ、実質的に引退してしまう。まだ三七歳の若さだった。

声楽や器楽の作品は、その後もときどき発表しているのだが、彼の本領だったはずのオペラに関しては、一八六八年に亡くなるまでの三九年間、ついに一作も書かなかった。

オペラが不評で自信を喪失したというのならともかく、オペラはすこぶる好評で、ヨーロッパを席巻する勢いだった。それなのに、働き盛りの年代での引退は極めて不可解だ。このことは、ロッシーニにまつわる大きな謎とされている。

ロッシーニ自身は、引退の理由について、「美食と、料理と、トリュフを探す豚の飼育に専念するため」と説明している。

なるほど、たしかにロッシーニは美食家として有名である。たんに食べるだけでなく、さまざまな独創的な料理を考案しては、みずから料理の腕をふるったといわれている。それに、約一九年間のオペラ創作によって、後半生を美食や料理にひたって暮らせるだけの財を築いてもいた。しかし、だからといって、創造的な仕事に情熱を燃やしていた人間が、三七歳という若さで引退する気になるだろうか。

真実はほかにあり、ロッシーニの語った理由は、それを隠すためのカモフラージュとも考えられる。西原稔氏は、『音楽史ほんとうの話』(音楽之友社)のなかで、次のような説を唱えている。

『ウィリアム・テル』を発表した翌年の一八三〇年、ロッシーニは、パリで七月革命に遭遇(そうぐう)した。この革命によって体制が転換すると、彼がパリの「イタリア劇場」と結んでいた契約が、「旧体制においての契約だから」という理由で無効にされてしまった。

これにたいし、ロッシーニは、訴訟を起こして契約を認めさせたが、「体制が変わると、価値観も契約も保証も無に帰す」という教訓を得ただけだった。この体験によってロッシーニは無常感をおぼえ、それが引退を促す要因のひとつになったのではないかというのである。

ロッシーニが晩年に作曲した風刺的な小曲集『老年のいたずら』に収録された『掠奪』と『バリケード』は、この七月革命をさしているともいう。

また、『老年のいたずら』には、機械文明の象徴ともいえる蒸気機関車を批判した『楽しい汽車の小旅行のおかしな描写』、引退の直前にパリでロッシーニの人気を圧倒したユダヤ系ドイツ人マイヤーベーアの風刺『ほどほどの葬送歌、わが貧しきマイヤーベーア』などといった曲も収められている。

そういった点から、西原氏は、『老年のいたずら』にこそ、ロッシーニの本心がこめられているともいう。

いっぽうでは、ロッシーニが親友に送った手紙に、「気力が衰え、自分で自分を強制しなければ音楽を書けなくなった」といった内容が見られるところから、「マンネリになって、楽想が枯渇した」とか、「うつ病になった」という説もある。

はたして、ロッシーニは、革命や機械文明といった時代の流れに反発して引退したのか。それとも、作曲できなくなって引退したのか。

真実は闇のなかだが、どちらにしても、彼の後半生は、美食三昧でただのんびり暮らしたわけではないようである。

夭折の女性ピアニストは『乙女の祈り』で何を祈ったのか

ポーランドの女流作曲家テクラ・バダジェフスカ……と聞いても、名前を知っている人は少ないかもしれない。彼女はプロではなく、アマチュアだったと思われる人物だからだ。しかし、彼女のピアノ曲『乙女の祈り』は、だれしも聴いたことのある有名な曲である。

これほどの名曲を残しながら、彼女が無名なのは、作曲した三四曲のピアノ曲のうち、後世に広まったのがこれ一曲だけだからだろう。それだけに、彼女についてはあまりにも謎が多い。

テクラが病弱な女性だったというのは、おそらくまちがいないだろう。彼女の生年は一八三四年とも三八年ともいわれ、一八六一年に死亡しているから、二七歳またはニ三歳の若さで亡くなっている。そこから、彼女は病気がちで、ピアノと作曲を生きがいに暮らしていたのではないかと想像されるのである。

また、『乙女の祈り』は、一八五六年にワルシャワで出版されている。アマチュア作曲家だったと思われるテクラが、楽譜を商業出版できたとは考えにくいから、

おそらく自費出版ということになる。

そこから推して、彼女は金持ちの令嬢で、病弱な娘を憐（あわ）れんだ父親が、せめてもの心尽くしで、彼女の楽譜を自費出版してやったのだろうと推測される。

この楽譜は、出版したときには反響がなかったが、三年目にパリの音楽雑誌『レビュ・エ・ガゼット・ミュージカル』の編集者の目に留まった。そして同誌がこの曲を付録にして紹介すると、たちまちパリで評判になり、世界中に広まったのである。

彼女の「祈り」がいったい何だったのかという疑問も残る。

彼女は病弱だったのだから、「健康になりたい」と願ったと考えるかもしれないが、それだと矛盾（むじゅん）が生じる。彼女の作品のな

テクラ（ポーランド）
23 歳と言う若さでなくなったポーランドの女流作曲家。そのため曲数が少ないが『乙女の祈り』はいまもなお、世に残る一曲となっている。

かには、『かなえられた祈り』(『乙女の祈り』への答え)という曲があり、若くして亡くなっていることを考えると、つじつまが合わない。『かなえられた祈り』が書かれたからには、『乙女の祈り』で祈った願いはかなえられたことになるからだ。

しかし、願いがかなったのであれば、夭折した彼女にとって、せめてもの慰めになったのだろうか。

ラヴェルの音楽が「魔術的」と呼ばれたのはなぜ?

モーリス・ラヴェルの音楽は、魔術的で謎めいているといわれる。メロディーもリズムも明瞭なのに、どこかとらえどころがなく曖昧で、幻想的な雰囲気を醸し出している。

芸術家の作風を表すのによく用いられる「××主義」という分類も、ラヴェルには当てはめにくい。

彼の作風については、多くの研究家が「印象主義」「古典主義」「新古典主義」「象徴主義」などの特徴をあげ、解説しているのだが、けっきょくのところ、そのうちどれかひとつの潮流には分類しきれない。

ラヴェルの音楽が、ミステリアスで一種独特の作風になったのは、彼に魔術や幻想世界への強い関心があったことに由来するという説がある。

ラヴェルは、一八七五年に、フランスとスペインの国境に位置するバスク地方で生まれたが、このバスク地方は、魔術的なものにたいする関心が高い地域だった。その地域性によるのか、彼独自の個性なのか、ラヴェルは魔術的なものや謎めいたことを好んでいたという。それが音楽に表れていたのかもしれない。

また、ラヴェルは同性愛者であり、それが音楽に影響したという説もよくいわれる。

たしかにラヴェルは生涯独身だったが、じつのところ、彼が同性愛者だったかどうかははっきりしていない。

作曲家には、自分自身を主題にした曲をつくり、そのなかで恋愛などについて描く人も少なくない。しかし、彼の場合は私生活をまったく公開しなかったため、人柄をはじめ、恋愛や性生活などについても明らかではなく、謎の多い人物となっているのである。

ラヴェルはどんな恋をし、性の対象は男女どちらだったのか……。

多くの人々が想いをめぐらせ、異性愛者説、同性愛者説、無性愛者説などがさま

ざまに飛び出した。ラヴェルが売春婦と楽しそうに談笑しているのを見かけた何人かの友人たちは、異性愛者説を唱えたし、いっぽう彼は音楽のためだけに生きていたと考える人もいる。

これにたいして、ラヴェルの知人の作曲家デイヴィッド・ダイアモンドや、ラヴェルと親しかったスイスの歌手ユーグ・キュエノーらは、彼を同性愛者だと考えた。ダイアモンドがラヴェルの研究をしようとしたとき、彼と面談したラヴェルの友人たちは、同性愛者説を裏付けるような証言をしたともいう。

現在は同性愛に比較的寛容なフランスも、二〇世紀前半はタブー視されていたから、もしラヴェルが同性愛者だったとすれば、それを隠し通そうとしただろう。

そのためにラヴェルの私生活は謎となり、音楽もその影響を受けて謎めいたものになったのではないか。

ただし、これはあくまでも仮説にすぎない。ラヴェルが同性愛者でも、そうでなくても、彼の残した作品の数々は永遠に色あせることはない。

前衛的なR・シュトラウスが突然、古典に回帰した謎

リヒャルト・シュトラウスは、一九世紀末から二〇世紀にかけて活躍したドイツの指揮者兼作曲家である。「ワルツの王」として名をはせたオーストリアの作曲家ヨハン・シュトラウスとまぎらわしいが、姓が同じなのはたんなる偶然で、姻戚関係はない。

彼の作品は、若いころには、父親の影響などから古典的な作風だったが、まもなく、ワグナーやシェーンベルクなどの影響を受けたり、交響詩をオペラに適用したりして、前衛的なものに変わっていった。その代表的な作品が、『サロメ』『エレクトラ』などのオペラである。

『エレクトラ』は、多調を数多く用い、不協和音をためらいもなく使うなど、シュトラウスの前衛的な音楽性がもっともはっきりと表れた曲として知られる。

シュトラウスはこの曲で前衛的手法を過激なまでに推し進め、まるで抽象絵画の

うような音楽をつくり上げた。

しかし、そんなシュトラウスのオペラが、『ばらの騎士』から突然変節して、古典的な作風に転じる。

『エレクトラ』までの過激な前衛性は影をひそめ、だれにでも受け入れられるような、親しみやすい曲ばかりをつくるようになったのだ。

時代の流れにしたがって新しい作風に転じようと考える作曲家は多いだろうが、前衛的な作風から古典的な作風に回帰する例はめずらしい。前衛的な作品が不評だったのならばそれもわかるが、シュトラウスは新しいオペラの第一人者として、高く評価されていた。

このような時代の流れへの逆行は不利である。

じっさい、『ばらの騎士』は曲の美しさゆえに今日でも人気が高いものの、彼の変節については、同時代の批評家に、「シュトラウスは終わってしまった」とまで評された。

そんな不利を押してまで、シュトラウスが変節した理由については、次のような説がある。

三枝成彰氏は、その著書『大作曲家たちの履歴書』（中央公論社）のなかで、シュトラウスはもともと前衛的な体質ではなかったと推察している。知性と才能によって時代の潮流に飛び込んだものの、けっきょくは美しいハーモニーとメロディーをもつ古典的な音楽に共感を抱くことになったというのである。

はたしてシュトラウスの真意はどうだったのだろうか。前衛的な作品は本来の好みではなかったのか。それとも、前衛的な作品を極めたからこそ、古典的な作品に還（かえ）ったのか。

今となっては知るすべもない巨匠（きょしょう）の真意である。

ボロディンが遅筆だった知られざる理由とは

アレクサンドル・ボロディンは、ムソルグスキーらと並んで、一九世紀ロシアの「五人組」を形成したひとりである。

彼は、交響詩『中央アジアの草原にて』、オペラ『イーゴリ公』などで知られるが、一曲つくるのにたいへんな時間を要する遅筆家で、今日まで残された作品数は非常に少ない。

『イーゴリ公』についても、一八六九年に着手しながら、七六年に「ほまれあれ」、七九年に「ダッタン人の踊り」などが、単独のオーケストラ演奏で小出しに発表されるばかりで、一八八七年に亡くなったときにさえ、未完のままだった。

作曲に着手してから一八年かかっても未完成だったのだから、やはりずいぶん筆が遅い。

彼の死後、やむなく五人組の仲間であるリムスキー＝コルサコフとグラズノフによって加筆され、一八九〇年にようやくペテルブルクで初演の運びとなったのである。

では、どうしてボロディンは、これほどまで作曲が遅かったのか。イタリアのドニゼッティなどは、大作オペラを一年に五本つくっているし、彼ほどの才能があれば、ドニゼッティほどでなくとも、もう少し早く仕上げることができたはずではないか。

じつは、その理由は、彼独自の作曲スタイルによる。ボロディンは、ほかに本職をもつアマチュア作曲家だったので、作曲のために使える時間が少なかったのだ。

彼の本業は医学関係の化学者で、軍医学アカデミーの教授として、研

ボロディン（ロシア）
有機化学の研究を続けながらロシア民族音楽の創造に努力した、ロシア国民学派の五人組のひとり。オペラ『イーゴリ公』、交響詩『中央アジアの草原にて』など。

究や教育に情熱をそそいだ。

その結果として、医科大学に女子のコースを新設するなど、大きな業績をあげている。

そのため、作曲の仕事は本業が休みの日にしかできなかった。彼はいわば、「日曜作曲家」だったのである。

もし当時のロシアに作曲家がプロとしてやっていける環境があり、ボロディンがプロの作曲家になっていれば、おそらくもっと多くの名曲を生み出したことだろう。

とはいえ、ほかに本業があったのは、作曲家として悪いことばかりでもなかった。

若いころ、医学の道に進むために、ドイツのハイデルベルク大学に留学したおかげで、同時代のヨーロッパ音楽に親しむ機会に恵まれたわけだし、作曲家として活躍するようになってからも、若い研究者の付き添いとしてドイツにいったさいに、リストと親しくなれた。

そして、そのリストの影響を受けて交響詩『中央アジアの草原にて』が生み出されたのだから、本業なければ作曲家としても成功しなかったのかもしれない。

4章

名曲に翻弄された男と女の物語をよむ

●例えば、『エリーゼのために』のエリーゼってどんな女性?

『エリーゼのために』のエリーゼってどんな女性？

『エリーゼのために』は、いつも苦悩に満ちているイメージのベートーヴェンがつくったとは思えないほど、愛らしいピアノ曲だ。オルゴールなどにもよく使われている。

しかし、この曲名はベートーヴェン自身がつけたものではない。楽譜に「エリーゼの思い出のために」と書かれていたことから、この名前で呼ばれるようになったのである。

それなら、この曲を捧げられた「エリーゼ」とは、どういう女性なのだろうか。ベートーヴェンは生涯独身を貫いたが、じつは女性には目がなかったという。彼が交際した四、五人の女性は、本章164ページで取り上げている「不滅の恋人」以外、おおよその人となりがわかっているが、「エリーゼ」という名の女性はまったくの謎である。多くの研究者がベートーヴェンの生涯を調べ、「エリーゼ」という名の女性を探したが、ついに見つからなかった。

曲を捧げるほどであれば、相当関わりの深い女性のはずだが、何の手がかりも見

つからないというのは不可解である。

長いあいだ謎とされてきたこの「エリーゼ」だが、近年では、「テレーゼ」のまちがいではないかとされている。この楽譜が、テレーゼ・フォン・ドロスディックという貴婦人からの手紙を入れた箱に入っていたことがわかったからである。

テレーゼ・フォン・ドロスディックは、結婚前の名をテレーゼ・マルファッティといい、一八一〇年ごろにベートーヴェンが求婚して断られた女性である。

彼女は、ベートーヴェンと親交のあったウィーンの大地主の令嬢で、彼にピアノを教わっていた。また、ベートーヴェンの主治医をしていたジョヴァンニ・マルファッティ博士の姪(めい)でもある。

当時四〇歳になっていたベートーヴェンは、ウィーン社交界きっての美人と評判のテレーゼに、すっかり夢中になった。その勢いで結婚を考え、故郷のボンから洗礼証明書まで取り寄せて求婚したのだが、あっさり断られてしまったという。

テレーゼはまだ一七歳の少女だったので、二〇歳も年の離れたベートーヴェンは、結婚対象となり得なかったのかもしれない。

しかし、テレーゼに捧げた楽譜だったとしたら、なぜ「エリーゼの思い出のために」と書かれていたのだろうか。

この謎にひとつの回答を出したのが、ドイツの音楽学者マックス・ウンガー博士だ。彼は、ベートーヴェンの筆跡を徹底的に研究し、楽譜に書かれている文字は「テレーゼの思い出のために」であるという説を唱えた。長らく「エリーゼ」と信じ込まれていた文字は、ベートーヴェンの筆跡の特徴からすると、「テレーゼ」とも読めるというのである。

つまり、ベートーヴェンのくせ字のために、本来なら『テレーゼのために』となるはずだった曲名が、『エリーゼのために』になったということらしい。

『幻想交響曲』作曲の陰に潜む ベルリオーズの殺人計画

一九世紀のフランスの作曲家ルイ・エクトル・ベルリオーズは、なんとも激しい情熱の持ち主だったらしい。それがうかがえるのが、彼の代表的な名曲『幻想交響曲』だ。

この曲は、五つの楽章からなる。若い芸術家が恋をして、その悩みからアヘンを飲んで自殺をはかる。しかし死には至らず、奇怪な夢を見る。その夢のなかで、彼は恋人を殺して断頭台の露と消え、死後に魔女の宴に加わる……という、すさまじくも狂気じみたストーリーの曲である。

そして、この曲には、ベルリオーズ自身の恋愛経験が色濃く反映されているという。ひとりの人間を狂わせてしまうほどの恋愛とは、いったいどんなものだったのだろうか。

彼が『幻想交響曲』を書く動機となったのは、イギリスの女優ハリエット・スミスソンへの片想いだったといわれている。

一八二七年、当時二三歳のベルリオーズは、イギリスの劇団がパリで上演した『ハムレット』を見て、ヒロインのオフェーリアを演じていたスミスソンに一目惚れした。しかし、人気女優の彼女が、まだ駆け出しで無名の若手でしかないベルリオーズを相手にするはずもない。

ベルリオーズ（フランス）
ロマン主義の道を歩み、標題音楽を確立。『幻想交響曲』『ロメオとジュリエット』『ローマの謝肉祭』『ファウストの劫罰』『キリストの幼時』『レクイエム』など。

傷心のベルリオーズは、スミスソンへの愛と憎しみを音楽に昇華させ、『幻想交響曲』の作曲に取りかかった。

ところが、作曲の途中で、彼は新たな恋をした。相手はマリー・モークという一八歳のピアニスト。一八三〇年七月、ベルリオーズはモークとの結婚の約束を取り交わし、それと前後して、新進作曲家の登竜門となっているローマ大賞を受賞した。サクセスストーリーのはじまりだ。同年一二月には、『幻想交響曲』が初演され、大成功を収めてもいる。

二重、三重の喜びに酔いしれていたベルリオーズだったが、幸福の終焉は意外に早く訪れた。翌年、ローマ大賞受賞の条件としてローマに留学していたとき、彼はモークの母親からショッキングな手紙を受け取った。それは、「娘との結婚を許した覚えはない。彼女は別の男性といっしょになる」と、モークの結婚を伝えるとともに、侮蔑的な言葉で彼をなじった手紙だったのである。

激怒したベルリオーズは、もはや平静を保っていられず、モークとその母親、婚約者の三人を皆殺しにする計画を立てた。

その計画とは、女装して三人に近づき、全員ピストルで射殺して、最後は服毒自殺するというもの。『幻想交響曲』の主人公さながらに、殺人と自殺を決行しよう

と考えたのである。
この計画を実行に移すべく、ベルリオーズは、変装のための女性用衣装と化粧道具、ピストル二丁と毒薬をもって、馬車でパリに向かう。ところが、その途中、馬車が車輪のブレーキをつけ替えるために一時停止した。場所はフランスの国境近くの海岸だった。そのときに聞いた波の音で、ベルリオーズは正気に戻ったという。
『幻想交響曲』に手を加えようと考えていたので、「このまま自殺したら、この曲が仕上げられない」という思いもあったようだ。ベルリオーズは曲を完成させるべく、ローマへと道を引き返した。
ひとつの曲に、殺意を覚えるような恋がふたつも秘められているのだから、ベルリオーズはずいぶん激情的な人物といえるだろう。しかし、だからこそ、このような名曲を生み出せたのかもしれない。

ブルックナーの未婚の原因となった意外な性癖とは

純朴(じゅんぼく)な性格の持ち主ゆえに、愛が実を結ばないということは、いつの時代にも起こりうる。一九世紀オーストリアの作曲家ヨーゼフ・アントン・ブルックナーもそうした人物だったが、彼の場合は純朴さが度を越してしまい、奇人として知られている。

ブルックナーは、一八二四年にリンツ市郊外のアンスフェルデンに生まれ、一三歳のときに父を亡くすと、ザンクト・フローリアーン修道院に引き取られた。そこでの厳格(げんかく)なカトリック教育により、彼は、信心深くて正直で素朴な男に育ったのだという。

そんな人物であれば、よき父、よき夫になれるのではないかと思うところだが、彼は生涯結婚しなかった。といっても、恋をしなかったわけでも、結婚したくなかったわけでもない。彼は何度も恋をし、結婚願望も強かった。

彼には、結婚に至ることのできないわけがあったのだ。

ひとつには、彼の容姿がお世辞にも褒(ほ)められたものでなかったことがある。服装も流行遅れで、アルプス地方の農民と評されるほど、野暮ったかった。それに、マナーがなっていなかったり話し下手なのも加わって、社交界で敬遠されていた。

それでも、彼が特異な性癖の持ち主でなかったら、つまり、年相応の女性に関心をもてれば、いつかは伴侶となる女性にめぐりあえたかもしれない。しかし、じつはブルックナーには少女愛好癖があり、大人の女性は愛せなかったのである。

記録に残されているかぎり、ブルックナーが最初に恋をしたのは二七歳のときで、相手は一六歳の少女だった。年齢差は一一歳。この程度の年の開きならめずらしくないが、その後の四一年間に彼が求愛した九人の相手は、全員が全員、十代の美少女ばかり。父親や祖父ほど年の離れた男にプロポーズされても、少女たちは相手にせず、ブルックナーは失恋をくり返すはめになった。

それでも一度だけ、結婚寸前までこぎつけたことがある。それは、彼が六六歳のとき。ベルリンのホテルで、イダという一九歳のメイドに求婚し、承諾を得たのである。

イダに、ブルックナーにたいする愛情があったのか、メイドの仕事から解放され、玉の輿に乗りたかっただけなのかは定かでないが、ふたりは結婚を決意し、イダの両親も同意した。

ところが、あとになってイダがプロテスタントだと判明し、カトリックのブルックナーは結婚をあきらめなければならなかったという。

ブルックナーの性癖が何に起因するものなのかはわかっていないが、成熟した女性に興味をもてず、十代の少女しか愛せなかったのは事実。ただし、そのことは彼の作曲家としての偉大さを汚すものでは決してない。

フランクの曲を拒絶したサン＝サーンスの胸焦がす思いとは

音楽にかぎらずどんな世界でもいえることだが、人には若くして頭角を現すタイプと、年を重ねてようやく認められるタイプがいる。作曲家ではベートーヴェンやモーツァルトなどが前者で、ブルックナーなどが後者にあたるだろう。そして、一九世紀のベルギーに生まれ、フランスで活躍したセザール・オーギュスト・フランクもまた、大器晩成型の作曲家だ。

フランクは、オルガン奏者やピアノ教師の仕事で生計を立てながら、宗教曲や器楽曲、オルガン曲などの作曲に励んだ。しかし、当時のフランス音楽界は劇音楽が中心だったため、彼の地味で難解な曲はなかなか受け入れられなかった。

それでも、五〇歳でパリ音楽院オルガン科の教授となると、フランクのまわりには、彼の作品を高く評価する若い作曲家たちが集まるようになった。そして彼らがフランキストというグループを形成し、尽力したことによって、一八八〇年、ピアノ五重奏曲へ短調が初演される運びとなったのである。

このときピアノを弾いたのは、フランクの後輩で、作曲家としてもピアニストとしても有名になっていたカミーユ・サン＝サーンス。フランクは、ステージ上でサン＝サーンスにこの曲を献呈した。サン＝サーンスに敬意を表したつもりだったのだ。ところが、この好意にたいして、サン＝サーンスはフランクと握手をするさいにも顔を

フランク（フランス）
晩年に循環形式を中心とした緻密な構成によるすぐれた作品を多数作曲。代表作『交響曲ニ短調』『弦楽四重奏曲』、ほかにオルガン曲など。

背け、受け取った自筆譜を放り出して帰ってしまったという。
フランクの曲が好みでなかったにしても、このような傍若無人な態度は尋常ではない。ましてやフランクは彼の先輩である。なぜサン＝サーンスは、そこまでフランクを拒んだのだろうか。

一説によると、この曲には、フランクの弟子で、のちに女性作曲家として成功したオーギュスタ・オルメスへの愛情がこめられているからだという。サン＝サーンスは、彼女にプロポーズして断られたことがあったというのだ。

もしそれが事実なら、たしかにサン＝サーンスとしては、この曲を弾きたくもなければ、贈られたくもないだろう。

この説の真偽は不明だが、フランクの妻フェリシテもこの曲を好まなかったという点からも、蓋然性は高いのかもしれない。

ともあれ、「わが友サン＝サーンスへ」という献呈辞の書かれたこの自筆譜は、のちに、紙屑の山のなかから発見されたという。

ちなみに、フランクが一般聴衆の喝采をはじめて受けたのは、この演奏会よりさらに一〇年後の一八九〇年早春、フランクが六九歳のときだった。フランクは不幸にも、そのわずか数か月後に事故死してしまうが、彼の弦楽四重奏曲ニ長調の初演で、聴衆は総立ちになったと伝えられている。

夫婦の危機を救った マーラーの妻アルマの『五つの歌曲』

グスタフ・マーラーの妻、アルマ＝シントラー・マーラーは、たんに「マーラーの妻」であっただけでなく、すぐれた作曲家でもあった。アルマは一九〇二年、二二歳のときに一九歳年上のマーラーと結婚したが、その若さで、有名な芸術家たちと芸術論を闘わせるほどの、高い教養を備えていたという。

若いころから作曲を学んでいたアルマだが、結婚前に書いた曲が『五つの歌曲』のタイトルで出版されるのは、一九一〇年のことだった。

どうして早い時期につくった曲がそんなに放っておかれたのか。長いあいだ顧み（かえり）られなかった曲が、約九年後に出版されたというのは不可解である。

その謎の裏には、男と女の複雑な事情があったのである。

結婚前、アルマは、マーラーに手紙を書き、「これから作曲の勉強をしなければならないのでペンをおきます」と結んだことがある。

それを読んだマーラーは、アルマを説き伏せ、作曲をやめると約束させた。当時、

「夫婦は平等であるべきだ」といった価値観が広まりはじめていたが、多くの男性は、女性の社会進出をよしとしない昔ながらの夫婦観をもっており、マーラーも例外ではなかったのだ。

強い自我と大きな才能を兼ね備えた女性にとって、これは苦痛である。マーラーへの愛ゆえに条件をのんだアルマだったが、作曲家をめざすという夢を阻(はば)まれた不満は、いつまでもくすぶりつづけた。

夫は夫自身の人生を生きているのに、妻の自分は夫の人生を生きなければならない……、そんな不満を抱え、苦悩するアルマに、何人かの男性が愛の告白をした。

とくに、二七歳の建築家ワルター・グローピウスの求愛は、たいへん熱烈なものだったらしい。

そうなると、マーラーには自信がない。肉体的にも精神的にもだ。なにしろアルマは、マーラーより一九歳も年下で、若くて美しいのである。

悩んだマーラーは、アメリカからヨーロッパに帰還したさい、精神分析で有名なフロイトの診断を受け、妻を束縛して苦しめないようにという忠告を受けた。このフロイトの忠告がきっかけで、マーラーは妻にたいする態度を改めたという。

そんなおり、マーラーはアルマが結婚前に書いた楽譜を見つけて、妻の才能を再認識し、出版社にもちこんだのである。

アルマの『五つの歌曲』は、このような夫婦の危機を背景に、書かれてから長い歳月を経て出版の運びとなったのだ。

もしも、アルマに求愛者が現れず、マーラーが、このままでは妻に捨てられるという危機感を抱かなければ、この名曲は、永久に日の目を見なかったかもしれない。

『トリスタンとイゾルデ』に描かれているワグナーの悲しい恋

ドイツの作曲家リヒャルト・ワグナーの代表的な楽劇のひとつ『トリスタンとイゾルデ』は、イギリスの伝説を題材にしている。イギリスのコーンウォルの王マルケの王妃イゾルデと、彼女に恋をしてその愛に殉じた騎士トリスタンの悲恋伝説である。

ワグナーがこの物語を楽劇にしようと思い立った理由は、たんにふたりのドラマチックな物語に魅せられたからというだけではないようだ。このオペラには、自身の体験が反映されているというのである。

一八四九年、革命運動に参加したことで逮捕されそうになったワグナーは、ドイツからスイスに亡命した。そのスイス亡命中の一八五三年、友人の紹介によってチューリッヒで出会ったのが、オットーとマティルデのヴェーゼンドンク夫妻である。

裕福な商人だったヴェーゼンドンク夫妻は、ワグナーの大ファンだった。そのため、初対面のときから彼に好意的で、惜しみなく経済的な援助をした。しかも、チューリッヒ郊外に邸宅を新築したときには、隣接する土地に、ワグナー夫妻の家まで用意してやっている。

ただ、ワグナーへの援助に熱心だったのは妻のマティルデのほうで、夫のオットーのほうは、どちらかというと、妻にせがまれて金を出しているだけだった。ワグナー夫妻の家を提供したいといいだしたのも、マ

ワグナー（ドイツ）
楽劇の創始者。歌劇『さまよえるオランダ人』、楽劇『トリスタンとイゾルデ』『ニュールンベルクのマイスタージンガー』『ニーベルングの指環』など。

ティルデだったという。

自分の音楽を理解してくれたうえにこれほど親切にされれば、ワグナーも好感を抱く。ましてやマティルデは、最初にワグナーに出会ったときには二四歳と若く、美人でもあった。妻のミンナとの関係が冷え切っていたワグナーが、彼女に魅せられていったのも当然だろう。こうして、ワグナーとマティルデが互いに抱いていた感情は、いつしか恋に発展していったのである。

ふたりの関係がどこまで進んだのかは定かではないが、通説では、プラトニック・ラブだったがゆえに、より激しく燃え上がったのではないかともいわれている。

そんな熱い恋のさなか、ワグナーは、作曲中だったオペラ『ジークフリート』を中断し、自分の恋を投影した『トリスタンとイゾルデ』の作曲に取り組んだ。

彼は『トリスタンとイゾルデ』に前後して、歌曲集『ヴェーゼンドンクの五つの歌』も作曲しているが、これもまた、マティルデとの恋の産物だ。マティルデのつくった詩に、ワグナーが曲をつけた作品なのである。

しかし、この恋は妻のミンナによって終止符を打たれてしまう。

オットーは、ふたりの関係にうすうす気づきながらも、そのうち熱が冷めると思って寛容（かんよう）な態度をとっていたらしい。

いっぽう、ミンナは激しく嫉妬し、ヴェーゼンドンク家に乗り込んだ。すると、オットーはマティルデを連れて旅に出てしまったという。このときワグナーとマティルデの恋は、はかなく散ったことになる。作曲中の『トリスタンとイゾルデ』が完成するのは、この失恋のあとのことだった。

『クロイツェル・ソナタ』に込められたヤナーチェクの恋愛事情とは

レオシュ・ヤナーチェクは、チェコ東部のモラヴィア地方に生まれ、祖国の民謡を取り入れたオペラを中心に、数々の曲を残した。ほとんど一生モラヴィアから出ることがなく、曲も郷土色が強いためか、長年ローカルな作曲家とみなされてきたが、近年になって、民族音楽の作曲家として名高いハンガリーのバルトークやコダーイの先駆けとして、見直されるようになった人物である。

ヤナーチェクには、弦楽四重奏曲『クロイツェル・ソナタ』という代表作があるが、彼の名前を知らなくとも、この題名に聞き覚えがある人は多いだろう。

ベートーヴェンの曲にも、ロシアの文豪トルストイの小説にも同名の作品があるからだ。これらの作品のあいだには、何か関係があるのだろうか。

まず、ヤナーチェクは先行する同名の作品を知らなかったわけではない。

彼の『クロイツェル・ソナタ』は、トルストイの小説を踏まえている。

この小説は、ピアノの上手な既婚女性が、あるバイオリン奏者とベートーヴェンの『クロイツェル・ソナタ』の二重奏に熱中するうち、男女の仲になってしまい、怒った夫に殺されるというものだ。

少なくともこの結末からすれば、トルストイは夫の側に立ち、不義をはたらいた妻は罰されるべきものとして描いていると受け取れる。

しかし、ヤナーチェクはこの作品に反感を覚えた。音楽を通じて結ばれた愛を、女性が他人の妻だからといって罰するのは理

ヤナーチェク（チェコ）
故郷モラビア地方の民謡を収集し、自己の音楽創造の源泉として、オペラ『イエヌファ』『利口な女狐の物語』『死の家より』などを書いた。音楽教育家としても活躍。

不尽ではないか、真実の愛を求めた女性が、なぜ殺されなければならないのか、というのである。

そんな憤りから、ヤナーチェクは、トルストイへの抗議をこめて、作中のふたりの愛を擁護する曲を生み出したのだ。

全体がひとつの物語として構成されたヤナーチェクの『クロイツェル・ソナタ』のなかでも、ヒロインは悲劇的な死を迎えるが、ふたりの愛は罰されるべき不倫としてではなく、真実の愛として肯定的に描かれている。

これほどヤナーチェクがトルストイに反発したのには、ある理由が存在する。このころ彼は、三八歳年下の人妻カミラ・シュテスロヴァーと、老いらくの恋をしていた。それだけに、男の浮気には甘くても人妻の恋には厳格な当時の風潮にたいし、抗議をせずにはいられなかったのだ。

プッチーニが『トゥーランドット』で描いたある女性の悲劇

ヴェルディ亡きあと、イタリアを代表するオペラ作曲家となった、ジャコモ・プッチーニ。彼の代表作には『トスカ』や『ラ・ボエーム』などがあるが、どの作品にも薄幸の女性が登場し、非業の最期を遂げることが多い。そのためプッチーニは、「女殺しの名人」との異名をもつ。

彼の遺作となった『トゥーランドット』は、オペラ全盛期の最後の作品ともいわれる名作で、彼のオペラのなかでも人気の高い作品のひとつである。しかし、主人公カラフの心理には、首をかしげる人が多いかもしれない。

タタールの王子カラフは、美しく冷酷な王女トゥーランドットに求婚する。トゥーランドットは、求婚者に謎かけをし、「謎に答えられた者と結婚する。答えられなかった者は処刑する」という掟をつくり、多くの求婚者たちの首をはねてきた、恐ろしい女性である。

カラフは、危険を冒してこの謎かけに挑み、みごとに解答するが、トゥーランドットは彼の愛を拒む。そこでカラフは、「明け方までに自分の名をいい当てたら自分が死ぬが、いい当てられなかったら結婚しなければならない」と、条件をつけるのだ。

トゥーランドットは、彼の名を突き止めるため、女奴隷リューを捕らえて拷問する。しかし、カラフに想いを寄せていたリューは、カラフを

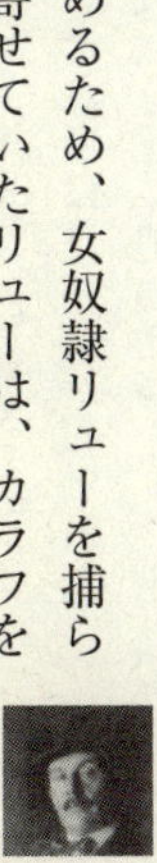

プッチーニ（イタリア）
イタリアのロマン派歌劇を代表。『マノン・レスコー』で一躍有名になり、その後の『ボエーム』『トスカ』『蝶々夫人』は三大傑作といわれる。

守るために自害。それを見たトゥーランドットは、ついに真実の愛にめざめる……。

これでハッピーエンドを迎えるのだが、それではリューが報われない。一途に自分を愛してくれているリューを顧みず、彼女を死に追いやったトゥーランドットと相愛になって結婚するカラフの心理も不可解だ。

プッチーニは、何を思ってこのような展開にしたのだろうか。

これについてよく指摘されるのが、一九〇九年にプッチーニ自身が関わったドーリア・マンフレディという女性の悲劇である。

ドーリアは、一六歳のとき、交通事故で入院したプッチーニの看護のために雇われた女性。プッチーニが全快してからも小間使いを務め、彼の信頼を得ていた。

しかし、一九〇八年、プッチーニの妻エルヴィラが、夫とドーリアの関係を疑った。女性関係の派手な夫にたいし、病的なほど嫉妬深い妻エルヴィラの猜疑心はすさまじく、ドーリアを村から追い出し、悪い噂をひろめた。

プッチーニはこれに恐れをなして外国に逃げることになったが、エルヴィラのいじめはますますエスカレートし、一九〇九年一月、ついにドーリアは服毒自殺してしまう。

遺体の検死により、ドーリアが処女であり、プッチーニとの男女関係などなかっ

たとわかり、エルヴィラは非難の的となった。彼女だけでなく、プッチーニもまた、新聞に書き立てられたり、ドーリアの幻影に悩まされたりして、深い傷を負った。

プッチーニのこうした過去を考えると、『トゥーランドット』のなかで自害するリューのモデルは、このドーリアではないかといわれている。

とすると、リューを自害に追い込んだトゥーランドットは、エルヴィラがモデルということになる。

ドーリアの事件のあと、プッチーニとエルヴィラの仲はすっかり冷えきっていたが、老境に入ってすべてを水に流す気になったのか、プッチーニは『トゥーランドット』を書きはじめたころから、ふたたび彼女に愛情を示すようになったという。

カラフが示すトゥーランドットへの愛は、プッチーニのエルヴィラにたいする愛の反映といっても差し支えないだろう。

ただし、プッチーニ自身はそのことについて何も言及しておらず、『トゥーランドット』の作曲途中で亡くなっているため、彼の真意はわからない。

『アルト・ラプソディ』の背景にあるブラームスの大失恋とは

ドイツの作曲家ヨハネス・ブラームスの作品のなかに、『ラプソディ「ゲーテの冬のハルツ紀行からの断章(だんしょう)」』という曲がある。別名『アルト・ラプソディ』と呼ばれる曲である。この曲は、ブラームスの失恋がきっかけでつくられたといわれている。

それは、どんな失恋なのだろうか?

ブラームスは、シューマンによって才能を見いだされた人物だが、一八五四年二月、その恩師を悲劇が襲った。

シューマンがライン河に身を投げ、自殺をはかったのだ。幸い一命はとりとめたものの、保護施設に収容されることになった。この一件は、ブラームスにも大きな衝撃を与えたにちがいない。

ブラームスは、家に残されたシューマンの家族を献身的に支えつづけた。一八五六年にシューマンは亡くなるが、ブラームスはシューマンの妻クララを励まし、その子供たちの面倒を見てやった。彼は保護者的な愛情をもって、家族を見守っていたのだろう。

そんなブラームスの感情は少しずつ変化していったようである。三女ユーリエに恋愛感情を抱いたようなのだ。そのうえ彼は、クララにも想いを秘めていたというから、なかなか複雑である。

ブラームスは、ユーリエへの想いを表に出さず、胸のうちに隠しつづけたという。恩師シューマンへの罪悪感にさいなまれていたのかもしれない。

しかしその恋に終止符を打たねばならなくなるときが、突如訪れた。

一八六九年、もともと病弱だったため、イタリアで静養していたユーリエは、現地で知り合ったマルモリート伯爵という貴族と婚約し、嫁いでしまったのである。

ブラームスは、その失恋の苦悩を託して、『ラプソディ「ゲーテの冬のハルツ紀行からの断章」』を作曲したのだった。曲名に文豪ゲーテの名が用いられているのは、この曲の歌詞がゲーテの『冬のハルツの紀行』をもとにしているからである。

それにしてもブラームスは、クララにたいしてもユーリエにたいしても想いを隠したまま求愛できず、一章10ページで触れたように、アガーテ・フォン・ジーボルトにも失恋している。片想いと失恋ばかりで、よくよく恋愛運がなかったようだ。

ベートーヴェンの手紙に登場する「不滅の恋人」とはいったいだれか

ベートーヴェンは生涯独身だったが、恋愛は何度も経験している。そんな彼の恋愛に関して、多くの人々が議論を闘わせてきた謎がある。

ベートーヴェンの死後、三通のラブレターが彼の部屋で見つかっているが、これらの手紙のなかで、ベートーヴェンは相手の女性を「不滅の恋人」と呼び、熱烈な愛の言葉を連ねている。しかし、相手の女性の名前は具体的に書かれておらず、だれにあてた手紙なのかはわからない。

ベートーヴェンに「不滅の恋人」といわしめた女性とは、いったいだれのことなのだろうか。

まず、ベートーヴェンの秘書を自称していたアントン・シントラーは、一八〇六年にジュリエッタ・グイッチャルディにあてた手紙ではないかという説を唱えた。ジュリエッタは、一八〇二年にベートーヴェンがピアノ・ソナタ『月光』を捧げた伯爵令嬢だが、彼女は一八〇三年に結婚してからイタリアに住んでおり、一八〇六年の夏にベートーヴェンと会う機会があったとは考えにくい。

これにたいして、ベートーヴェンの伝記作家A・W・セイヤーは、一八〇六年にテレーゼ・ブルンスヴィックにあてた手紙である可能性を指摘した。

テレーゼはハンガリー貴族の令嬢で、本章140ページでも触れたように、名曲『エリーゼのために』のモデルともいわれている女性。真偽不祥ながら、ベートーヴェンと婚約したが、身分ちがいのために解消したという話も伝わっている。

しかし、これも推側の域を出ず、確証は得られなかった。

そのほか、ベートーヴェンと関わりのあった何人もの女性が候補にあがったが、最有力候補と考えられるようになったのは、テレーゼ・ブルンスヴィックの妹ヨゼフィーネ・ブルンスヴィックだった。

ヨゼフィーネは、ダイム伯爵と結婚するが、わずか四年半で寡婦となってしまう。ベートーヴェンは、ダイム家を訪問してはヨゼフィーネにピアノを教えるとともに、彼女の心の支えになりつづけた。一八〇四年から〇七年にかけて、ヨゼフィーネにあてた一三通の恋文も発見されている。そこから、彼女が「不滅の恋人」ではないかと考えられるようになったのだが、もうひとつ具体性に欠けるということで、解決には至らなかった。

今日、「不滅の恋人」の最有力候補とされているのは、一九七〇年代にアメリカの研究者M・ソロモンが唱えたアントーニア・ブレンターノ夫人説である。

ブレンターノ夫妻はドイツのフランクフルトに住む大富豪で、ベートーヴェンのパトロンだが、夫人と恋愛をしていたという説は、それまで出たことはなかった。それがどうして「不滅の恋人」として浮上してきたのか。

アントーニア説の根拠のひとつとなっているのは、「不滅の恋人」あての手紙のなかに記された「七月六日　月曜日」という日付と曜日である。

手紙に年号までは書かれていないが、この日付と曜日から、七月六日が月曜日だった年と推定される。

それに該当する年としては一八〇七年があるが、一八〇七年七月のベートーヴェンの活動状況は、手紙の内容と噛み合わない。そこで、一時はベートーヴェンが曜日をまちがえたのではないかとされ、七月六日が日曜日だった一八〇六年が該当年と考えられたりもした。

ところが、M・ソロモンらの研究により、七月六日が月曜日で、ベートーヴェンの活動状況も手紙の内容と矛盾しない年があることがわかった。それは、一八一二年である。

この年の七月六日、ベートーヴェンがボヘミアの温泉地テプリッツから、カールスバートの温泉にいるアントーニア・ブレンターノに手紙を書いたとすると、つじつまが合うのだという。

ブレンターノ家では、夫のフランツは多忙を極め、アントーニアはいつも孤独だった。そのうえ大富豪という環境にあって緊張を強いられつづけたこともあり、アントーニアは、心身症になってしまう。ベートーヴェンは、そんな彼女を音楽で慰めているうち、深く愛するようになったとされている。

今日では半ば定説となったアントーニア説だが、この説を疑問視する声もある。大作曲家を虜(とりこ)にした「不滅の恋人」はだれだったのか。それは今なお残る謎なのである。

ベートーヴェンが生涯独身だった意外なわけとは

ベートーヴェンは、五六歳で亡くなるまで、ついに一度も結婚しなかった。だが、前項でも触れたように、謎の「不滅の恋人」をはじめ、生涯に何度も恋をしている。ただ、彼が恋した女性たちは、彼に見向きもしなかったり、最終的に別の男性と結婚してしまったのである。

ベートーヴェンは失恋ばかりしていたわけだが、どうして彼は結婚できなかったのだろうか？

大きな理由として、彼が高貴な身分の女性にばかり恋をしたことがあげられる。いくら有名音楽家になっていても、現代とちがって封建的な時代だから、貴族の令嬢に恋をしても、結婚が許されるはずはない。

しかも、彼が書いたラブレターは、あまりにも熱烈すぎて、女性がたじろいでしまいそうな文面だ。日本人と西洋人の感覚のちがいはあるだろうが、いくら西洋の女性でも、自分がどれほど愛しているかということばかり熱っぽく綴られたラブレターを受け取れば、怖くなったり、うっとうしくなるのではないだろうか。

では、どうして彼は、結婚対象にできる身分の女性に関心を向けたり、もっとふつうのラブレターを書いたりしなかったのだろうか？

それは、彼が童貞だったか、少なくとも精神的には童貞同然だったからかもしれない。

たとえば、ベートーヴェンは、友人にあてた手紙のなかで、自分の求める女性像について、「美しくなければならない」と書いている。じっさい、ベートーヴェンは、若くて美しい女性を見るのが好きで、通りで美女とすれちがえば、よく流し目を送っていたという。

美女が好きというのも、美女にみとれるのもわかるが、これほど外見にばかりこだわるのは、あまり成熟した男性には見えない。まるで、生身の女性を愛したいというより、美女を偶像のように崇拝したがっているようにも思える。

これは、好きになった女性への態度にも見られる。

ベートーヴェンは、尊敬すべき女性と性的な関係をもったりしては、相手の神聖さを汚してしまうと思っていたというのだ。もちろん、恋した相手が貴族令嬢なら、おいそれと性的関係をもつわけにはいかないだろうが、彼自身がプラトニック・ラブを望んでいたようなのである。

だから、肉体的には娼婦など、一夜かぎりの相手とは関係があったかもしれないが、恋人との性的関係はなかったのではないかともいわれている。

そのように恋した女性にあこがれて崇拝するばかりでは、いつまでたっても思春期の少年のように、女性の扱い方がわからない。

そのため、ラブレターにも、女性が喜ぶことより怖気づくようなことばかり書きつらねてしまい、失恋をくり返していたのかもしれない。

エルガーのあの有名な「変奏曲」は何が謎なのか

数あるクラシック音楽の名曲のなかには、そのものずばりの、『エニグマ変奏曲（謎の変奏曲）』と題された曲がある。近代イギリスの代表的作曲家エドワード・エルガーの作品だ。

この『エニグマ変奏曲』とは、のちにつけられた別称で、本来の曲名は『創作主題による変奏曲』という。それが、いかにも謎の曲だといわんばかりの曲名で呼ばれるようになったのはなぜか。いったい何が謎だというのだろう。

じつは、それがどうもはっきりしない。この曲は、エルガーの何人かの友人に捧

げられたといわれるが、そこに描かれた人物の正体が謎だということで、『エニグマ変奏曲』と題されたらしい。

その人物についてよくいわれるのが、エルガーの愛人ではないかという説だ。『エニグマ変奏曲』の第一三変奏曲には、妻以外に愛していた影の女性が投影されているというのである。

しかし、エルガーと妻の関係がうまくいっていなかったのかというと、そうでもない。

エルガーは、三二歳のときに結婚した妻のアリスと、いたって幸せな結婚生活を送っていた。結婚の前年、婚約記念としてアリスに捧げたバイオリン曲『愛のあいさつ』には、妻にたいする愛が表現されている。

エルガー（イギリス）
パーセル以来の天才といわれ、英国音楽の再建に貢献。管弦楽のための変奏曲『謎』、オラトリオ『ジェロンティウスの夢』、行進曲『威風堂々』などを作曲。

結婚してからも、彼はアリスの詩に音楽をつけて、多くの歌曲を作曲している。代表作『威風堂々』のようにエルガーの作風が落ち着いているのも、夫婦仲がよく、妻の存在が心のよりどころとなっていたからだといわれているほどだ。

それほど妻を愛していたのに、ほかに想う女性がいたというのだろうか。

もし『エニグマ変奏曲』で描かれているのがエルガーの愛人だったとすれば、彼はずいぶん隠すのが上手だったといえるだろう。

頑健なワグナーの突然死に妻の影が

リヒャルト・ワグナーは、音楽家にしては健康と体力に恵まれていた人物といえる。音楽家というと、繊細で病弱といったイメージが強く、じっさいに結核や梅毒といった慢性疾患に悩まされた人も多い。しかし、ワグナーにはそういった持病もなく、魔人的といわれるほど精力的に、多数のオペラを作曲しているのだ。

そういった頑健な体の持ち主だけに、彼の死は不可解なものとなっている。

一八八三年二月一三日午後二時ごろ、ワグナーは、自室でうめいているところを召使のベティ・ビューケルに発見され、まもなく亡くなった。

彼は、当時六九歳と高齢だったが、その日の朝まではは健康そうに見えたという。遺体を調べた主治医フリードリッヒ・ケプラーは、死因を「精神的に極度な興奮(こうふん)によるもの」と診断した。今日の病名でいえば「心筋梗塞(こうそく)」だろうか。

たしかに、頑健だった彼も、晩年には心臓が弱くなり、一八七八年から何度か狭心症の発作を起こしていた。だから、極度に興奮するようなことがあれば、心臓発作を起こしても不思議ではない。

彼は強靭(きょうじん)な体の持ち主で精力的でもあったが、やはり芸術家だけに、デリケートな面もあったのだ。

しかし、それなら何が原因で、ワグナーはそれほど興奮したのだろうか。

エルネスト・W・ハイネの『大作曲家の死因を探る』によると、娘のイゾルデが、この日の朝食時、両親の言い争いを目撃したと証言している。しかもそれは、彼女の記憶にあるかぎり、たった一度だけの夫婦ゲンカだったという。

妻のコジマは、ワグナーにとって二度目の結婚相手で、献身的に夫に尽くしつづけた従順な女性だった。しかし、このときだけは自分の主張を譲（ゆず）らず、ワグナーは興奮しながら自室に引きこもった。その後、彼は自室で論文の執筆に入り、その途中で発作を起こしたという。

この証言が正しかったとすると、ワグナーは、妻のはじめての反抗に興奮して、心臓発作を起こしたのではないかと考えられる。夫の死を前にしたコジマが、ほとんどまる一日そばに座り込んで動かなかったという事実も、なにやら意味ありげだ。

この推論が正しいかどうか確証はないが、もしこの日、夫婦ゲンカが起こらなければ、ワグナーは天寿をまっとうし、より多くの作品を世に送り出していたかもしれない。そう考えると、残念な話である。

フォスターの『金髪のジェニー』のモデルは、じつは茶髪だった

一九世紀のアメリカの作曲家スティーヴン・コリンズ・フォスターは、『おお、スザンナ』『草競馬（くさけいば）』など、親しみやすい歌曲を多数残したところから、「アメリカ

民謡の父」と呼ばれている。

このフォスターの作品に、『金髪のジェニー』という曲がある。愛妻ジェーンをモデルにした曲で、「ジェニー」というのは彼女の愛称だ。とすると、ジェーン夫人の髪の色は金髪のはずだが、じっさいはそうではない。夫人は、結婚前の名前をジェーン・デニー・マクダウェルといい、フォスターの故郷ピッツバーグ市の開業医アンドリュー・マクダウェルの娘。陽気な性格の、だれからも愛される娘で、髪も目も茶色だったという。

それならどうして彼女を歌った曲が『金髪のジェニー』と名づけられたのか。そう疑問を抱くのが当然だろう。

じつは、フォスターが当初この曲につけた原題は、『Jeanie with the Light Brown Hair』という。直訳すると、『明るい茶色の髪のジェニー』だ。

それを金髪に変えたのは、この曲を日本語に訳した津川主一氏である。津川氏は、「茶色の髪」と訳したのでは歌詞としてインパクトに欠けると考えて、「夢に見しわがジェニーは、ブロンドの髪ふさふさと……」

フォスター（アメリカ）
19世紀半ばのアメリカを代表する歌曲作曲家。素朴な美しさにあふれた数々の歌曲を作った。『草競馬』『スワニー河』『オールド・ブラック・ジョー』など。

と、あえて「ブロンド」に変更したのだという。そのため、曲名も『金髪のジェニー』になったのだ。

フォスターがこのジェーンと結婚したのは、一八五〇年、フォスターが二四歳で、ジェーンが一九歳のときだった。このような愛情にあふれた曲を残すほど仲のよかった夫婦なのに、彼らの仲は長続きしなかった。

ジェーンと別れたフォスターは、一八六〇年ごろ、ピッツバーグからニューヨークへ向かい、貧困と家庭崩壊からすさんだ生活を送ったのち、一八六四年に三七歳で亡くなっている。ジェーンの行方はわかっていない。

5章

あの楽曲が生まれた意外な真相を探る

●例えば、ショパンの『別れの曲』は
別れをイメージした曲ではない?!

ショパンの『別れの曲』は別れをイメージした曲ではない?!

一九世紀のポーランドの作曲家フレデリック・ショパンの名曲に、『別れの曲』というピアノ曲がある。優美な雰囲気と哀愁（あいしゅう）漂うメロディアスな曲調で、日本人にたいへん人気のある曲だ。しかし、海外で「ショパンの『別れの曲』」といっても、首をかしげられてしまう。

この曲の正式名称は、「練習曲集作品一〇の第三番ホ長調」といい、『別れの曲』というのは、日本独自の別称。ショパンは、ピアノの熟練者が高度な技術を用いて練習するための練習曲を多数作曲し、ふたつの練習曲集にまとめた。そのなかのひとつが「練習曲集作品一〇」で、第三曲としてこれに収録されているホ長調の曲が、日本で『別れの曲』として親しまれている曲なのである。

この曲が、日本でのみ『別れの曲』と呼ばれるようになったのには、秘められた理由がある。

それは、一九三五年にフランスで製作されたショパンの伝記映画『別れの歌』で、主題歌として用いられたのが発端だ。

映画『別れの歌』は、一八三〇年代、若いショパンが故郷のポーランドからパリに出て、音楽家として名を上げていく様子が描かれたもので、ショパンの曲が随所（ずいしょ）で用いられている。そのなかでも、冒頭やラスト、恋人コンスタンチアとの別れの場面などで使われているこの曲が、とりわけ印象的だったため、いつしか『別れの曲』と呼ばれるようになったのである。

ショパン自身は曲に説明をつけておらず、何を思って作曲されたのかははっきりしない。ただ、彼の意図が想像できるエピソードは残されている。彼は、弟子がこの曲を弾いているのを聴いたとき、「おお、わが祖国よ！」と叫んだというのである。

ショパンが列強の支配下にあったポーランドをこよなく愛し、その独立を悲願としていたのは有名な話である。『別れの曲』は、その祖国を思って作曲した曲だったのだろう。

『アルビノーニのアダージョ』の作曲者はアルビノーニではなかった？

トマーゾ・アルビノーニは、一七世紀末から一八世紀にかけて活躍したイタリアの作曲家。生涯ヴェネツィアで暮らし、ヴィヴァルディらと並んで当時のヴェネツィア音楽家の最高峰のひとりとされていた人物だ。製糸業で財を成した裕福な家の出ということで、音楽を職業とはせず、アマチュアとして作曲活動をおこなった。

アルビノーニは、約五〇曲のオペラを作曲したと見られているが、その多くは失われてしまい、どんな曲だったかわからない。

そのため、今日では、オペラよりも器楽曲の作曲家として知られ、なかでももっとも有名な曲が、『弦楽とオルガンのためのアダージョ』、通称『アルビノーニのアダージョ』である。「アダージョ」とは、交響曲やソナタなどで遅い速度で書かれた楽章のこと。アルビノーニ作のアダージョは、バロック時代の名曲である。

しかしこの曲、どうやら彼がつくったのは、ほんの一部だといわれている。むしろ、二〇世紀イタリアの音楽家で、アルビノーニの研究家でもあったR・ジャゾットによってつくられた曲というべき要素が強いのだ。

それはどういうことなのか。『アルビノーニのアダージョ』には、どこまでジャゾットの手が入っているのか。

この謎について長らくいわれてきたのが、第二次世界大戦でドイツのドレスデンの図書館が破壊されたさい、跡地からアルビノーニの書いたトリオ・ソナタが発見され、ジャゾットがそれをオルガンと弦楽合奏用に編曲したという説である。それが真実ならば、編曲したのがジャゾットでも、アルビノーニの曲といえるだろう。

しかし、近年になって、その説が事実と異なるらしいことがわかってきた。

図書館で発見されたアルビノーニの原曲は、バイオリン曲の数小節など、わずかな断片しか残されておらず、ジャゾットがそれをもとにして、ひとつの曲として復元した可能性が高いというのである。

それなら、じっさいにアルビノーニが作曲した部分はごくわずかだから、「アルビノーニの作曲」というのはいささか苦しい。ジャゾットの模作（もさく）といったほうがよさそうである。この曲がどこか現代的な感じがするのも、二〇世紀に入ってから編曲されたものだからかもしれない。

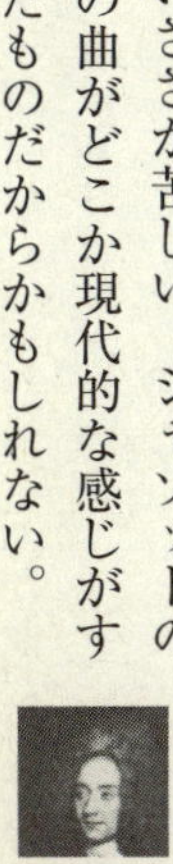

アルビノーニ（イタリア）
ベネツィア楽派のひとり。清澄・上品な旋律美が特徴。50曲以上のオペラを作曲しているが、ほとんど忘れられ現在では主に協奏曲の作曲家として認められている。

では、アルビノーニが書いた本来のアダージョは、いったいどんな曲だったのだろうか。興味のあるところだが、今となっては知りようがない。

グノーの『アヴェ・マリア』はバッハのある曲によく似ている?!

一九世紀に大成功を収めたオペラのひとつに、一八五九年三月にパリで初演された『ファウスト』がある。いうまでもなく、文豪ゲーテの大作『ファウスト』をオペラ化した作品だ。

『ファウスト』の成功に大きく貢献したのが、作曲を担当したシャルル・グノーである。グノーは、フランスの名門の生まれで、早くから音楽家を志し、パリ音楽院に入学して三年目の一八三九年には、当時の音楽家たちの憧れだったローマ大賞を受賞した。のちには「フランス音楽再興の大家」とまで評された作曲家である。

『ファウスト』と並ぶ彼の代表作に、美麗な旋律で人気の歌曲『アヴェ・マリア』があげられるが、この曲にはある秘密が隠されている。

この曲は、バッハの『平均律クラヴィア曲集』第一巻の第一曲「プレリュードとフーガ　ハ長調」の、プレリュードの部分とよく似ている。バッハのファンであれ

ば、すぐこのことに気づくはずだ。偶然の一致にしては、あまりにそっくりで不可解な印象を受ける。

じつは、『アヴェ・マリア』の伴奏は、このバッハのプレリュードをそのまま使っている。グノーはこの曲を作曲するにあたって、偉大なる先人バッハの曲を借用したのである。

そのうえ、『アヴェ・マリア』は、歌詞もオリジナルではない。『聖書』の「ルカ伝」のなかから、「主の祈り」と並んで重要な祈禱文となっている「天使祝詞」という部分を抜き出し、そのまま歌詞として用いている。

つまり、グノーの『アヴェ・マリア』は、伴奏も歌詞も他人からの借り物で、グノー

グノー（フランス）
オペラ・宗教音楽などを作曲。また、フランス歌曲の発展に寄与した。オペラ『ファウスト』、歌曲『アヴェ・マリア』『セレナーデ』など。

自身が書いたオリジナル部分はメロディーだけなのである。

今日であれば、まちがいなく著作権問題になりそうだが、かつては、他人の音楽を自分の曲に借用するということがめずらしくなかった。別項でも触れているように、かのベートーヴェンにさえ、使いまわしの技法をもちいて作曲した作品があるくらいだ。

しかし、ここまでオリジナル部分の少ない名曲は、極めてめずらしいのではないだろうか。とはいえ、この曲は、今や世界中で親しまれる名曲となったのだから、効果的にうまく借用するのも作曲家としての才能なのだろう。

ブラームスの交響曲第一番から聞こえてくる有名な曲とは

ブラームスの交響曲第一番を聴いていると、第一楽章と第三楽章に、ベートーヴェンの第五交響曲『運命』の音型が見られ、第四楽章には、交響曲第九番『合唱』の「歓喜の歌」と似た旋律が登場する。曲全体としても、運命を克服して勝利を得るという、ベートーヴェンの第五と第九を組み合わせたような展開をしている。

この曲はたしかにブラームスが作曲したものにまちがいない。では、なぜ一聴してベートーヴェンと思われるような曲になっているのか。この謎を解く鍵は、ブラームスがベートーヴェンを尊敬していたというところにある。

ブラームスは、ベートーヴェン、バッハと並び「三大B」と呼ばれ、終生ベートーヴェンに敬愛の情を抱いていた。

そこで、ベートーヴェンの第九につづく第十のつもりで、交響曲第一番を書いた。ブラームスは、曲中にベートーヴェンの第五や第九をはさみ、ベートーヴェンにたいする想いを表現したのだ。だから、同じように聞こえて当然なのである。

また、交響曲第一番には謎がもうひとつある。この曲を書きはじめてから発表までに、約二〇年もの歳月をかけていることだ。その間に、ほかの数多くの曲を発表しているから、交響曲第一番にかかりっきりだったというわけでもない。なぜこの曲だけ完成が遅れたのだろうか。

これもまた、ベートーヴェンを尊敬していたゆえのことだった。

はじめての交響曲を作曲するにあたって、ブラームスには、「ベートーヴェンを超えられないなら、交響曲を書く価値はない」という気持ちがあったらしい。「交響曲を書くからにはベートーヴェンを超えたい」。そう思えば思うほど、完成は先送りとなり、真にベートーヴェンを超えたと納得できるまで、作品を発表できなかった。

そしてついに、二〇年という歳月を要してしまったようである。

この曲の初演は一八七六年、ブラームスが四三歳のとき。すぐには評価されなかったようだが、ピアニスト兼指揮者として知られるハンス・フォン・ビューローが、「これこそはベートーヴェンの交響曲第十だ」と喧伝したことにより、広く認められるようになったという。

ドビュッシーの『海』の楽譜には日本美術が使われている?!

クロード・アシル・ドビュッシーは『月の光』や『アラベスク』などの繊細で甘美な旋律のピアノ曲で知られ、日本でも広く親しまれているフランスの作曲家だ。そのドビュッシーの作品に、一九〇五年に発表された交響詩『海』という曲がある。

この曲の楽譜は、初演と同じ年に出版されたが、その装丁が少し変わっている。表紙に、葛飾北斎の浮世絵『冨嶽三十六景　神奈川沖浪裏』が使用されているのである。

クラシック音楽は西洋起源の音楽だから、東洋の日本を象徴するような浮世絵を

表紙に用いるというのは、一見不釣り合いに思える。それなのに、なぜドビュッシーは浮世絵を選んだのだろうか。

日本の美術品や工芸品は、江戸時代にもオランダや中国経由でヨーロッパに流入していたが、幕末の開国後、それがいっそう盛んになり、フランスでは日本の美術品などに関心を示す「ジャポニズム(日本趣味)」が流行した。

これが芸術の世界に波及すると、日本の美術工芸品の美学を自国の芸術に取り入れようという動きが起こる。絵画の世界では、ドガやマネなどがジャポニズムを採り入れ、印象派を形成していった。

音楽界もその影響を受けた。一九世紀末ごろ、絵画の印象派から名前を借りて、「印象主義」と呼ばれる音楽が生まれた。

音楽の印象主義は、それまで主流をなしていた、感情をストレートに表現するドイツのロマン主義音楽にたいして、より微妙な表現を重んじる。ドビュッシーは、この印象主義の代表的な作曲家で、日本趣味も人一倍強かった。

ただ、ドビュッシーは、自分の音楽に日本を代表する琴や三味線などを取り入れるといった単純なやり方はせず、もっと斬新な手法を考案した。

ドビュッシー以外の印象派と呼ばれた音楽家たちも、日本趣味とはいえ、音楽よりも日本の美術から、インスパイア（思想・感情を吹き込むこと）されていたらしい。彼らは、当時のパリで流行していた日本の美術品などを鑑賞して感銘を受け、視覚的に浮かんだ情景を、音楽で表現しようと試みた。

ドビュッシーの『海』も、まさにそういった作品だった。彼は、『神奈川沖浪裏』をモティーフとして『海』を作曲し、初版楽譜の表紙にこの浮世絵を用いたのである。

ちなみに、この曲は当初あまり評価されなかったようだ。発表した当時、ドビュッシーは、前年に起こした離婚と再婚の騒動が原因で評判を落としていた。そのためか、『海』は、保守的な人々に酷評されたという。しかし、のちに再評価され、今日では、ドビュッシーの代表的な名曲のひとつに数えられている。

シューベルトの『未完成交響曲』はなぜ未完に終わったのか

音楽の都ウィーンに生まれ、ウィーン少年合唱団に在籍するなど、早くから英才教育を受けたフランツ・ペーター・シューベルト。そのシューベルトの交響曲のなかでもっとも有名な曲といえば、かつては第八番、今日では第七番に数えられる『未完成』だろう。

『未完成』とは、後世につけられた題名だが、その名が示すとおり、「未完成の交響曲」である。通常、交響曲は四楽章からなるが、『未完成』は、第一楽章と第二楽章しか完成していない。あとは第三楽章の出だしの九小節のオーケストラの総譜と、最初の一三〇小節までのピアノ用の譜面しか残されていないのである。

未完成とはいえ、決して駄作(ださく)ではない。今や世界中で演奏されている名曲である。

しかしなぜ、シューベルトは、この曲を完成させなかったのだろうか。

第二楽章までが完成した状態で残されている理由については、はっきりしている。

一八二三年、シューベルトは、長年の夢だったウィーン音楽協会の名誉会員に推薦(すいせん)された。それにたいして彼は、自作の交響曲の総譜を音楽協会に渡すことを約束した。

その約束どおり、書き上がっていた『未完成』の第一楽章と第二楽章の総譜が、彼の友人で音楽協会の会員だったアンセルム・ヒュッテンブレンナーのもとに送られた。ヒュッテンブレンナーは、それを音楽協会に届けたようだが、未完成だったためか、審査員の眼力が劣っていたためか、シューベルトは入会できず、総譜はヒュッテンブレンナーに差し戻された。

その後、『未完成』は、ヒュッテンブレンナーのもとに人知れず保管され、一八六五年、指揮者のヨハン・ヘルベックによって、ヒュッテンブレンナーの蔵書のなかから見つけ出される。ヘルベックは、さっそくその年の演奏会でこの曲を取り上げたので、『未完成』はようやく世間に知られるようになった。

けっきょく、シューベルトは、二楽章分の総譜をヒュッテンブレンナーに預け、放置してしまっている。一八二五年からは、新たな交響曲『グレイト』に着手しており、『未完成』については完成させる気がなかったようにも見えるが、じつのところはどうだったのだろうか。

シューベルト自身はその理由を書き残していないのだが、この謎をめぐってさまざまな説が出ている。

「第一楽章と第二楽章があまりにすばらしく、あとがつづかなくなった」という説や、シューベルトには未完成の曲がほかにいくつもあるところから、「別の曲をつくるのに没頭しすぎてしまい、『未完成』を忘れてしまった」「気持ちが『未完成』から離れて完成する気をなくした」という説がよくいわれるところだ。

そのほか、「のちに彼の死の原因となった梅毒(ばいどく)を発病したのが『未完成』作曲中だったため、この作品が忌(い)まわしくなった」「ベートーヴェンの交響曲の美しさに圧倒されて萎縮(いしゅく)した」「最後まで完成したのだが、それを預かった人が紛失した」「じつは二楽章で完成している」など、諸説紛々(ふんぷん)。しかし、どれも確証はなく、真相は闇のなかである。

この大きな謎に加えてもうひとつ、『未完成』には、自筆譜第一楽章の末尾の記号が、音を強調する「アクセント」なのか、それとも音を徐々に弱くする「ディミヌエンド」なのか、判別できないという謎もある。

音を強くするか弱くするかによって曲の印象はずいぶん変わってくるのだが、解釈の仕方をめぐって議論が分かれており、どちらが正しいのかはわかっていない。シューベルトは『未完成』で何を表現しようとしたのだろうか。願わくはつづきを聴いてみたいものである。

プッチーニが、和風オペラ『蝶々夫人』をつくれた感動の秘話

プッチーニがつくったオペラ『蝶々夫人』は、日本人にもなじみ深いオペラのひとつである。一九世紀の長崎が舞台になっており、主人公も「蝶々さん」という名の日本人芸者である。

物語の内容は悲劇的だ。蝶々さんはアメリカ人の士官ピンカートンと結婚し、子供をもうける。しかし、彼はアメリカへ帰ってしまい、アメリカ人の妻を連れて再来日してくる。この裏切りによって失望した蝶々夫人は、武士の娘としての誇りを守るために自決する……。なんとも哀切極まりないオペラといえよう。

このオペラの原作は、アメリカ人小説家ジョン＝ルーサー・ロングの著書『蝶々

夫人』。彼の姉は日本に滞在したことがあり、その姉の話にもとづいて書かれている。プッチーニはこの原作をベラスコが戯曲化したものに興味をもち、同名のオペラとして作曲したという。

当時、ヨーロッパではジャポニズムが盛んになっていたから、その影響もあると思われるが、プッチーニのジャポニズムは生半可（なまはんか）なものではない。設定や登場人物だけでなく、音楽にも日本的な要素を取り入れているのだ。

『お江戸日本橋』や『越後獅子（えちごじし）』『さくら』『君が代』などが引用曲の代表例で、その旋律のために、日本人にもなじみのあるオペラになった。

しかし、日本を一度も訪れたことがないプッチーニがなぜ、こんなにも日本的なオペラをつくることができたのだろうか。話の内容や舞台設定は原作から推測できるかもしれないが、音楽については謎である。

日本の音楽が世界に知られるようになったのは、ここ五〇年前後のことにすぎない。当時は日本のレコードがそんなに簡単に手に入るはずもなく、旋律を知ることは容易ではなかった。しかも、一曲だけではなく何曲も取り入れ、彼なりにアレンジしていることから、相当熟知（じゅくち）していたと思われる。

この謎の奥には、感動の秘話があった。

プッチーニが日本の旋律を知りえたのは、彼のそばに日本の歌を教えられる人物がいたからである。そしてその人物は、音楽的素養を併せ持っていた当時の駐イタリア公使大山綱介夫人だったらしい。

プッチーニは彼女から日本の歌や、出はじめたばかりの日本音楽のレコードを聴かせてもらい、それらをアレンジして日本的な旋律を生み出した。

そう、プッチーニは、ただ原作をなぞっただけではない。今から一〇〇年以上前に日本の音楽に触れ、それを自分のものにしていたのである。

彼に日本の歌を教えようとする夫人と、熱心に耳を傾けるプッチーニ。日本の女性から、懸命に日本の歌を習得しようとするプッチーニの姿は、偉大な作曲家を身近に感じさせてくれるといえよう。

『蝶々夫人』の制作には、そんなドラマが隠されていたのである。

ちなみに、日本を舞台にしたオペラといえば、この『蝶々夫人』のほかに、アーサー・サリヴァンの『ミカド、またはティティプの町』などがある。ただし、舞台は東洋の架空の国で、内容的にも「宮さん宮さん」の旋律が出てくるだけで、日本とは関係がない。ただ、ティティプは埼玉県の秩父（ちちぶ）とする説があるという。

ラフマニノフのピアノ協奏曲第二番は催眠療法からつくられた

作曲家にとって、自分の作品に自信がもてるかどうかは、その後の仕事を大きく左右する。その好例が、一九世紀末から二〇世紀前半にかけて活躍した、ロシアのセルゲイ・ラフマニノフである。

ラフマニノフは、貴族の家庭に生まれ、音楽的に恵まれた環境で育ち、二〇代前半にして、ロシアの音楽界に旋風を巻き起こした人物。

一八九二年にピアノ協奏曲第一番を発表して以来、ピアニストとしても作曲家としても注目を集めていた。しかし、一八九七年に発表した野心作交響曲第一番が、専門家から酷評されてしまう。

この曲は、ラフマニノフにとって初の大作だったため、彼の受けた衝撃は大きかった。すっかり自信を喪失し、強度のノイローゼに陥って、作曲ができなくなってしまったのである。心の傷をいやすため、彼はさまざまな治療を試みたが、思ったような効果はなく、自信回復には至らなかった。しかし、二年後、彼は再起した。新作の作曲に取りかかったのだ。

いったい何が、彼に自信を取り戻させたのだろうか。

その謎を解く鍵は、ニコライ・ダール博士という神経科医にある。ダール博士は催眠療法の名医として名前が知られていた。そこで、ノイローゼに悩まされつづけているラフマニノフを心配した友人が、ダール博士を彼に紹介したのだ。

半信半疑だったラフマニノフにたいし、ダール博士は、「あなたが次につくる曲は傑作になる」といった暗示をかけつづけた。ポジティブな暗示を与えることで、患者に自信を取り戻させるという治療法である。ダール博士の治療はうまくいき、ラフマニノフは四か月ほどで自信を取り戻した。

ちょうどそのころ、ラフマニノフは、ロンドンのフィルハーモニック協会から、ピアノ協奏曲の作曲を依頼されていた。彼は、作曲不能とな

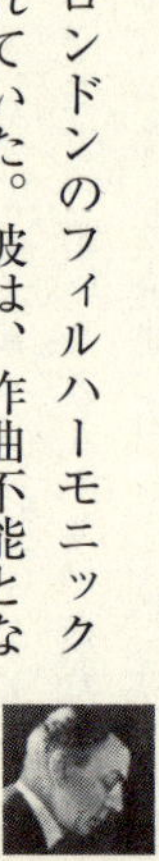

ラフマニノフ（ロシア）
ロシア革命後、渡米。ピアニストとして活躍しながら、交響曲、ピアノ協奏曲、ピアノ曲「24の前奏曲」、歌曲などを作曲。20世紀にロマン主義を堅持した。

っているあいだも、ピアニストとしての活動はつづけており、一八九九年のロンドン公演で成功を収めたことがきっかけで、作曲を依頼されていたのである。

ダール博士のおかげでノイローゼが完治し、自信を回復したラフマニノフは、さっそくこの仕事に取りかかり、一九〇一年にピアノ協奏曲第二番を完成させた。

ラフマニノフ自身がピアノを弾いたこの曲の初演は大成功で、ダール博士の暗示どおり、名曲として世界的に有名になった。

のちにラフマニノフは、ダール博士に感謝の意を表し、この曲を博士に献呈している。

ビゼーの『アルルの女』のメヌエットはもともと別の作品だった?!

一九世紀フランスの作曲家ジョルジュ・ビゼーの作品のなかで、オペラ『カルメン』に次いで広く知られているのが、組曲『アルルの女』である。

この曲は、戯曲（ぎきょく）『アルルの女』の付随音楽として作曲されたもので、彼と同時代の作家アルフォンス・ドーデの短編小説が原作となっている。

ドーデは、南フランスのプロヴァンス地方にあるニームという町の生まれだが、この町に近いアルルに移り住み、そこでの暮らしをヒントに『アルルの女』を書いた。

やがて、これを読んだパリのヴォードヴィル座の支配人カヴァリョの発案によって、ドーデ脚本の戯曲『アルルの女』がつくられる運びとなり、劇中で演奏される付随音楽が、ビゼーに依頼された。

ビゼーは約半年間に二七曲の付随音楽を書き、戯曲『アルルの女』は、一八七二年一〇月にヴォードヴィル座で初演された。

この二七曲すべてを収めた全曲盤『アルルの女』と、組曲『アルルの女』を聴きくらべてみると、奇妙なことに気づく。組曲『アルルの女』のなかで有名な、フルート演奏のメヌエットが、全曲盤では聴けないのだ。

どうして組曲の顔ともいうべきメヌエットが、全曲盤に入っていないのか。これはどうにも腑(ふ)に落ちない謎である。

ビゼーは、戯曲『アルルの女』の初演後まもなく、二七曲のなかから自分の気に入っている曲を四曲選び、演奏会用の組曲を編曲した。戯曲のほうが不評だったので、自分のつくった曲が戯曲とともに忘れ去られるのを惜(お)しみ、組曲として編曲したのだ。

組曲は好評だったが、これは、今日知られている組曲とは選曲がちがう。ここに編まれたメヌエットは、じつに素朴で地味な曲。フルート演奏の曲ではない。

じつは、これには裏がある。今日広く知られている組曲は、じつはビゼー自身ではなく、彼の親友のエルネスト・ギローによって編まれたものだったのである。

ビゼーが三七歳の若さで病没して四年ほどたったころ、ビゼーの編曲した組曲『アルルの女』を出版していた出版社が、組曲に用いなかった曲のなかから何曲かを選び、第二の組曲をつくろうと企画した。そこで編曲を依頼されたのがギロー。彼は、戯曲『アルルの女』の上演に協力していたので、付随音楽をよく知っていたこともあり、この仕事を引き受けたという。

ギローはまず、戯曲の付随音楽のなかから「パストラール」「間奏曲」「ファランドール」を選び出した。ここまでは順調だったが、四曲から成る組曲のうち、残りの一曲がどうしても決められない。

そこでギローは、一八六七年に初演されたビゼー作曲のオペラ『美しいパースの娘』の第三幕から一曲選び、女性合唱や混成合唱の部分を管弦楽曲に変えるなどの変更を加えて『アルルの女』に用いた。これがあのフルート演奏のメヌエットなのである。

以来、ギローの編んだ組曲は「第二組曲」、ビゼーの編曲した組曲は「第一組曲」と呼び分けられるようになったのだが、第二組曲のほうが人気が高くなり、第二組曲中のメヌエットは、すっかり『アルルの女』の曲として知られるようになった。

しかし、もともと別のオペラの曲だったということで、全曲盤にはフルート演奏のメヌエットは入っていないのである。

バッハが『ゴルトベルク変奏曲』を作曲した意外な目的とは

クラシック音楽を聴いているうちに、気分がリラックスしすぎて眠くなってしまった、というのはよくある話。しかし、こうした事態は、もちろん作曲家の意図するところではない。聴き手を眠らせるための音楽といえば、子守歌ぐらいのものだろう。

ところが、子守歌でもないのに、人を眠らせることを目的としてつくられたといわれる曲がある。ヨハン・ゼバスチャン・バッハの『ゴルトベルク変奏曲』である。

通常の音楽は、あくまでも人に「聴かせる」ためにつくられる。バロック時代を牽引（けんいん）した大作曲家バッハともあろうものが、そのセオリーを無視し、人を眠らせようとする曲をつくったとすれば、そこにはどんな理由があったのだろうか。

一七四一年ごろ、バッハがドイツのライプツィヒに住んでいたとき、ドレスデン駐在のロシア公使カイザーリング伯爵が、この地に滞在することになった。

カイザーリング伯爵は、慣れない土地を訪れたためか不眠症に悩まされており、その対策として一計を案じた。若いお抱えチェンバロ奏者J・G・ゴルトベルクをバッハのもとにつかわし、眠れない夜のための曲を書くよう依頼したのである。

バッハにとって、伯爵は恩人といってもいい人物だった。伯爵の力添えによって、ザクセン選帝侯の宮廷作曲家に選ばれたという過去があったのだ。

そんな親しい縁があったので、バッハは伯爵の依頼を引き受け、『ゴルトベルク変奏曲』を作曲することになった。そして伯爵のもとに戻ったゴルトベルクがこの曲を演奏すると、伯爵は、みごとに眠りに落ちたという。

これと別の伝えによると、カイザーリング伯爵は、眠るための曲ではなく、眠れない夜に気分が晴れる曲を依頼したともいわれている。

たしかに、『ゴルトベルク変奏曲』は、三〇の変奏が次々に現れる、変化に富んだ曲だから、「眠れるように」というより「気分が晴れるように」のほうが、目的にかなっているかもしれない。

さらに、ここにきて、不眠症の伯爵のために書いたというエピソード自体に疑問を呈する向きもある。不眠症のための曲という説が事実なら、この曲の初版に伯爵への献呈文が添えられるはずだが、それが一言も書かれていないのだ。

ゴルトベルクの年齢もつじつまが合わない。ゴルトベルクは、この曲がつくられたとされる一七四一年当時は、まだ一四歳の少年だった。伯爵のお抱え奏者にしては、少し若すぎはしないだろうか。

こういった理由から、『ゴルトベルク変奏曲』にまつわるエピソードの真偽が取り沙汰されているのだが、かといって、一概に事実でないともいいきれない。真相は今もって不明なのである。

メンデルスゾーンの名曲『宗教改革』が眠りつづけた理由

どんなにすぐれた芸術作品でも、宗教問題がからむと、なかなか真価を認められないことがある。その典型的な例ともいえるのが、一八三二年に初演されたドイツの作曲家フェリックス・メンデルスゾーン・バルトルディの交響曲第五番『宗教改革』である。

この曲は、一八三〇年に完成していながら、二度も上演予定が流れてしまい、二年後にようやく初演にこぎつけたものの、その後、何十年も再演されずに眠りつづけた。

名曲にもかかわらず不遇な扱いを受けた背景には、いったいどんな事情があったのだろうか。

メンデルスゾーンの一家は、もともとユダヤ系だったが、居住していた北ドイツがプロテスタントの多い土地柄だったため、父アブラハムの代にユダヤ教からプロテスタントに改宗した。姓が「メンデルスゾーン・バルトルディ」となっているのも、改宗したとき、本来のユダヤ的な「メンデルスゾーン」という姓に「バルトルディ」をつけ加えたからである。

メンデルスゾーンはプロテスタントとして育ち、バッハの『マタイ受難曲』を発掘するなど、音楽家としての道を突き進む。そして、一八三〇年六月二五日にベルリンで「信仰告白三〇〇年祭」が開催されることになったとき、その祝典で演奏する曲の作曲を引き受けた。これがのちの『宗教改革』だった。

「信仰告白」とは、一五三〇年六月二五日、マルティン・ルターとともに宗教改革を推進していたメランヒトンが、追放中のルターに代わり、ドイツのアウグスブルクで開かれた帝国議会において、「信仰告白書」を読み上げた歴史的事件をさす。プロテスタントにとっては、宗教改革のはじまりとされる一五一七年一〇月三一日と並んで重要な日である。

しかし、その三〇〇年記念祭が、カトリック教会の反対に遭って中止に追い込まれ、それに伴なって、メンデルスゾーンの曲も演奏の機会を逸した。

あきらめきれないメンデルスゾーンは、二年後の一八三二年春、パリ音楽院のオーケストラによる演奏会をふたたび計画した。だが、今度もカトリックとプロテスタントの対立がネックになった。パリ音楽院のオーケストラには、カトリック教徒の楽員が多かったからである。

交響曲第五番は、この時点ではまだ『宗教改革』と題してはいなかったものの、曲中にルターが作詞作曲した『神はわがやぐら』が用いられるなど、プロテスタントの勝利をたたえる曲だというのは、すぐにわかる。当然、楽員たちもそのことに気づき、演奏を拒否したため、またもや上演できなくなったのである。

同年一一月、メンデルスゾーンはようやくベルリンで初演にこぎつけたが、評判は賛否両論に分かれた。

このように、メンデルスゾーンはこの曲をめぐって何度も災難にみまわれた。初演後になって、彼はこの曲に『宗教改革』の題名をつけているが、それっきり二度と演奏しようとはしなかったという。

自信作を封印してしまった理由は定かでないが、やはり、これ以上宗教上の争いに巻き込まれたくなかったからだろう。

今日では、『宗教改革』は、カトリック教徒の多い国でも気にせず演奏され、純粋に音楽として評価されているようだが、メンデルスゾーンの時代には、それは極めてむずかしい問題だったのだ。

ハイドンの交響曲第九四番はなぜ『驚愕』と呼ばれるのか

ハイドンは、その生涯に一〇四曲もの交響曲を書いたため、「交響曲の父」として崇められる作曲家だ。彼の代表的な交響曲に、『驚愕』という名前で呼ばれている曲があるが、これは、最初からついていた標題ではない。聴衆のあいだで生まれた愛称が、そのまま定着したものである。

では、どうしてこうした愛称がつけられたのだろうか。

一説によると、この曲はハイドンのいたずら心からつくられたという。

ハイドンは、ウィーンからロンドンに渡って活躍したが、ロンドンの聴衆はマナーが悪かった。演奏がはじまっても騒音が鳴りやまないのだ。しかも、事前に食事と酒をすませて満腹になっているためか、演奏中に居眠りをはじめる人が、じつに多かった。

ハイドンは、腹を立てると同時に、いたずら心を起こした。高いびきをかいて眠

りこけている聴衆が、驚いて目を覚ますような曲をつくろうと考えたのである。

この目的を達するためにつくられたのが、交響曲第九四番だった。

この曲の四つの楽章のうち、第二楽章は、ドイツの民謡をもとにした主題部と、その変奏曲からできており、弱音器をつけた弦楽器で開始される。

主題のはじめの八小節を弦楽器だけで弱く奏（かな）で、さらに弱い音で反復して、ふつうならそのまま静かに消え入るように終わるだろうとだれもが思うところで、ハイドンは仕掛けを施す。弦楽器から弱音器をはずさせ、ティンパニーまでふくめた全オーケストラで、フォルティッシモ（最強音）の和音を轟（とどろ）かせたのだ。

とくにティンパニーの奏者には、通常よりも太いバチで力いっぱい打つように指示したというから、念が入っている。

うつらうつらしながら静かな音楽を聴いていた聴衆は、突然の大音響にさぞかし驚いたことだろう。なかには驚きのあまり気絶してしまった貴婦人までいたらしい。その翌日、ハイドンは、新聞評で不作法となじられ、それ以来、この曲は『驚愕』と呼ばれるようになったという。

ことの真偽は定かではないが、のちに『驚愕』は押しも押されもせぬヒット作となり、ハイドンはオラトリオ『四季』の第一部でも同じような技法を使っている。ただし、初演のときに聴衆が驚いたのは事実でも、ハイドンがほんとうに居眠りしている聴衆を驚かせるためにこういう曲にしたかどうかはわからない。ひょっとすると、もっとほかに別の意図があったかもしれず、それは謎となっている。

ヘンデルの『水上音楽祭』は国王のご機嫌とりに演奏された?!

ゲオルク・フリードリヒ・ヘンデルは、ドイツ出身の作曲家だが、一七一二年からイギリスに移り住んだ。そのイギリス時代につくった有名な曲に、管弦楽のための組曲『水上音楽祭』がある。この曲は、国王ジョージ一世への謝罪のためにつくられたとされ、じっさいにジョージ一世の機嫌をとるために演奏されたらしい。

それではいったい、ヘンデルは、ジョージ一世に何を謝ろうとしたというのだろうか？

ヘンデルは、一七一〇年、ドイツのハノーヴァーのルートヴィヒ選帝侯によって、宮廷楽長に迎えられたが、もっと華やかな場所で活動したいというのが本心だった。ハノーヴァーは新興国で、地方の片田舎にすぎない。彼がめざしたのは霧（きり）の都ロンドンだ。

宮廷楽長になった年の暮れから、彼は休暇をとってロンドンを訪れ、オペラを発表するようになる。そして一七一二年の秋には、「適当な時期に帰る」と約束してロンドンに渡ったまま、いっこうに帰ろうとしなかった。どうやらアン女王に気に入られて厚遇（こうぐう）されたこともあり、たいそう居心地がよかったようである。

しかし、一七一四年にアン女王が亡くなると、なんとハノーヴァーのルートヴィヒ選帝侯がその跡を継いでイギリス国王ジョージ一世を名乗ることになった。つまり、ヘンデルがハノーヴァーに帰国するのではなく、ハノーヴァー公国の君主がイギリスにきてしまったのだ。

ジョージ一世は、ハノーヴァーの宮廷楽長でありながら戻ってこないヘンデルに腹を立てているにちがいない。そう確信したヘンデルは、王に謝罪して機嫌をとるため、一七一五年に王がテームズ川で舟遊びをしたとき、『水上音楽祭』を作曲して捧げたのだという。

これが長らく史実とされてきたエピソードだ。ところが、一九二〇年代に、たんなる作り話だったと判明した。ジョージ一世がテームズ川で舟遊びをしたときの記録が見つかったからである。

それによると、この舟遊びが催されたのは、一七一五年ではなく一七一七年とされている。ヘンデルが王の機嫌をとるのに利用したのなら、三年もの時間をかけず、もっと早い時期におこなったはずだ。

しかも、そのときの演奏会を計画したのは、ヘンデルではなく、ジョージ一世のほうだというのだから、ヘンデルが王への謝罪として企画したわけでないのは明らかだろう。

さらに、そもそも『水上音楽祭』としてまとめられている二五曲は、さまざまな機会につくられた曲を集めたもので、最初からひとつの作品として作曲されたわけではなかった。ジョージ一世の舟遊びで演奏されたのは、『水上音楽祭』の二五曲すべてではなく、その一部だけなのである。

ムソルグスキーの『禿山の一夜』が
オリジナルとかなり違うという謎

一九世紀のロシア音楽界では、ミリー・バラキレフ、モデスト・ムソルグスキー、ニコライ・リムスキー＝コルサコフ、ツェザール・キュイ、アレクサンドル・ボロディンの五人の作曲家が、それまでのイタリア音楽中心の風潮に反発して、「力強い仲間（五人組）」と呼ばれる民族主義的なグループを形成していた。

この五人組の作品のなかでも、今日まで人気のある曲のひとつに、ムソルグスキーの『禿山（はげやま）の一夜』がある。闇の神や闇の精霊たちが真夜中の禿山で饗宴（きょうえん）をくり広げ、夜明けとともに姿を消す……、という内容の交響詩である。

日本でもよく知られている曲だが、ムソルグスキーが書いたままに演奏した、オリジナル版のCDを聴いてみると、これまで親しまれてきた『禿山の一夜』とは、ずいぶん異なることに気づく。

なぜ、そうしたちがいが生じたのだろうか。

ムソルグスキーは地主貴族の家に生まれ、若いころは軍人、のちに官吏（かんり）を本業としたアマチュア作曲家だった。軍人として順調に出世しかけているとき、本格的に

音楽の勉強をしようと軍を退職した経歴はあるが、ついに音楽を本業にすることはなかった。

そのため、苦手な分野を克服できずに終わったのだろうか。ムソルグスキーは、六歳のときからピアノを学び、一〇代で作曲をはじめた早熟の天才だったが、管弦楽技法は苦手だった。

そんな彼が、管弦楽の名曲をいくつも残しているのには、ある秘密が隠されている。じつは、五人組のなかでも彼と個人的に親しかったリムスキー＝コルサコフをはじめ、何人かの作曲家が、ムソルグスキーの死後、管弦楽曲として手を加えていたのである。

『禿山の一夜』の場合、ムソルグスキーは、一八七七年に『禿山のヨハネ祭の夜』と題

ムソルグスキー（ロシア）
ロシア国民楽派「５人組」のひとり。歌劇『ボリス・ゴドゥノフ』、交響詩『禿山の一夜』、ピアノ組曲『展覧会の絵』、歌曲集『子供部屋』『死の歌と踊』など。

する原曲を完成させ、何度かオペラ化を試みた。しかし、師匠のバラキレフをはじめとする五人組の仲間に批判されるなどして実現できずにいるうちに、一八八一年、アルコール依存症による精神錯乱で亡くなってしまう。

その後、リムスキー=コルサコフが、ムソルグスキーの遺稿のなかから、『禿山のヨハネ祭の夜』と、それをオペラにした最終稿『ソロチンスクの定期市』のなかの曲、そして何人かの作曲家の合作によるオペラ・バレエ『ムラダ』のなかのムソルグスキーの曲を組み合わせ、今日知られている『禿山の一夜』に管弦楽編曲したのである。

ムソルグスキーの管弦楽曲は、じつは、ほとんどがこのリムスキー=コルサコフによる編曲だったのである。

ムソルグスキーの『展覧会の絵』が突如人気曲になったのはなぜ？

ムソルグスキーは前項で紹介しているように、ボロディンらとともに、「ロシア五人組」としてロシアの近代音楽を確立した作曲家のひとりで、『禿山の一夜』やオペラ『ボリス・ゴドゥノフ』など、数々の名曲を今に残している。

『展覧会の絵』もまた、彼の代表作のひとつにあげられる。この曲は、題名が示すとおり、絵画から受けたインスピレーションを音楽で表現したものだ。

「古城」「ビドロ」「リモージュの市場にて」などの一〇曲の主題曲と、それをつなぐ「プロムナード」という間奏曲から構成されたこの曲は、ムソルグスキーが、建築家兼画家だった親友ハルトマンの遺作展覧会で見た一〇枚の絵から受けた印象を、ピアノ組曲にまとめたものである。

「プロムナード」とは散策することをいい、ムソルグスキーが展示されている絵を見てまわっている様子を表現したもの。この部分を聴いていると、彼といっしょに会場を歩いているような気分になってくる。

主題曲のほうは、その絵の雰囲気によって変化を見せる。古城の風景はロマンティックに表し、市場の風景はそこで言い争いをする女性の興奮する様子を表すなど、それぞれの絵の特徴をよくとらえた音楽になっている。

ところが、絵画とのコラボレーションともいうべき斬新（ざんしん）な表現方法にもかかわらず、発表した当初、この曲はまったく評価されなかった。ムソルグスキーの生前には一度も公開演奏されず、出版されることもなかったという事実が、その不評ぶりを物語っているといえよう。

この曲は素朴な良作なのだが、裏を返せば地味であり、その点が当時の人々に受け入れられなかったようだ。ムソルグスキーの死後、出版されはしたものの、時代の片隅でほこりをかぶりつつあった。

しかし今日、『展覧会の絵』は名曲として広く知られ、人気も高い。そしてなぜか曲自体の地味な印象も薄れている。トランペットやサックスなどの管楽器が華々しく活躍しているのである。

地味すぎるということで評価を得られなかったこの曲の身に、いったい何があったというのだろうか。

じつは、ある人物によって、この曲は生まれ変わっていた。その人物の名は「音の魔術師」ともいわれるフランスの作曲家モーリス・ラヴェル。彼が一九二二年にピアノ曲だったこの曲を管弦楽用に編曲したことで、素朴な曲から華麗な曲へと変貌を遂げたのだ。

それまでにも、「ロシア五人組」のコルサコフなどによって編曲が試みられてはいたのだが、あまり受けはよくなかったらしい。それが、ラヴェルの魔法ともいうべき手腕にかかり、白黒一色の絵画から、豊かな色彩画へと印象を変えたのである。

それ以来、『展覧会の絵』はポピュラーな曲になり、ムソルグスキーの原曲にも光が当てられるようになった。ムソルグスキーにとっては、ラヴェル様々といったところかもしれない。

『春の祭典』をつくったストラヴィンスキーの奇妙な幼児体験とは

クラシック音楽史上、もっともスキャンダラスな事件といわれるほど、観客からの猛反発を呼んだ名曲がある。一九一三年にパリで初演されたロシアの作曲家ストラヴィンスキーによるバレエ音楽『春の祭典』である。

『春の祭典』は、第一部が「大地礼賛（らいさん）」、第二部が「いけにえ」の二部構成になっている。

人々が春の訪れを喜び、乙女たちを神の生贄（いけにえ）にする……という、なにやら生々しい曲だ。

その内容だけでなく、音楽もまた風変わりである。

冒頭からファゴットを異常な高音で吹き鳴らし、拍子（ひょうし）がめまぐるしく交替、不協和音が連続する。従来の音楽の常識をやぶる不気味な音楽のもと、エロティックで野性的な踊りが展開される。

当時の観客にとって、この曲はあまりに衝撃的で、パリの会場は暴徒と化した人々で、大騒ぎになったという。

二〇世紀音楽の革命児とまで呼ばれたストラヴィンスキーは、いったいどんなきっかけで、これほど独創的で不気味な曲をつくるに至ったのか。

彼の回想からすると、モチーフとなったのは、ふと頭に浮かんだ空想シーンだったという。春の神に捧げる生贄に定められた娘が踊りつづける場面だ。そのシーンをもとに『春の祭典』が生まれたらしい。

また、この曲のルーツは彼の幼児体験にあるのではないかという説もいわれている。

ストラヴィンスキーは、音楽についての最初の記憶として、家族と田舎で過ごしたときの体験談を残している。

彼がある夏を過ごした土地に、年をとった大男の農民がいて、言葉が不自由なために大きな音を立てて舌打ちするところから、子供たちに怖がられた。しかし、そのうち子供たちは、恐怖より好奇心が勝るようになり、その農民のまわりに集まるようになった。

すると彼は、子供たちを喜ばせようと歌を歌った。彼に発音できるただふたつの音からなるその歌には、手で伴奏がつけられた。右手の手のひらを左の脇の下に押しつけながら、左腕をすばやく動かして右手に押しつけ、リズミカルな音を出したのだ。

これにすっかり夢中になったストラヴィンスキーは、家でたびたびこの伴奏のまねをして、下品だからやめるようにと家族に叱られたという。

この幼児期の音楽体験が、『春の祭典』の作曲のときによみがえったのかもしれない。

『四分三三秒』の作者ケージが「キノコ」に執着した理由とは

二〇世紀アメリカの作曲家ジョン・ケージは、前衛音楽家として名高い。一九五二年にニューヨークで初演された『四分三三秒』は、あまりにも前衛的すぎて、聴

衆の怒りを買ったほどだった。

この作品は、「いかなる楽器および楽器の編成でも可」というふれこみで、三つの楽章すべてが全休止となっている。つまり、演奏家は何も演奏しないのである。

初演のときにも、ピアニストのD・チューダーは、ピアノの前に四分三三秒座っただけで、何も演奏せずに舞台から去った。意表を突かれた聴衆が怒ったのも無理はない。

かなりの変わり者と思えるこのケージは、趣味も風変わりだった。

キノコに興味をもち、キノコ狩りに熱中して、アマチュアながらに菌類学者といえるほどキノコに詳しくなったのである。

なぜ彼はそれほどキノコに執着したのだ

ケージ（アメリカ）
音響の選択を偶然にゆだねて曲の成立を不確定なものとする偶然性の音楽の思想とその作品によって、欧米の作曲家のみならず現代芸術全般に大きな影響を与えた。

ろうか。

一見まったく音楽と関係なさそうに思えるこの趣味は、どうも『四分三三秒』を生み出した彼の音楽論と深い関係があるらしい。

ケージは、一九四五年ごろから、日本の禅や東洋思想に強い関心をもつようになった。

そんな折、京都の竜安寺を訪れたケージは、石庭に生えている苔に注目した。そして、苔もキノコも同じ菌類であることに気づき、菌類の胞子が弾け飛ぶさいに、人間の耳では聴けない音楽を奏でていると感じたという。

どうも常人には理解しにくいのだが、弾け飛ぶ胞子に、文明社会の規律や法則に縛られない精神の自由さを感じ、大自然に目を向けるようになったということのようだ。

『四分三三秒』は、そんなケージの自由な精神が生み出したともいえる。

さらに、ケージは、キノコ狩りの魅力について、「多分に偶然性に支配され、また不確定要素の多い気晴らしだから」とも説明している。

キノコには毒キノコもあり、キノコ狩りの名人でも、ときには見誤って毒キノコを食べてしまうというスリリングさがある。そんな不確実さにも、彼は魅力を感じたらしい。

これもまた、彼の音楽と関係が深い。『四分三三秒』で何も演奏しないのは、客席のざわめきなど、四分三三秒間に偶然聞こえてくるすべての音が曲を構成するという発想なのである。

このように、彼にとって、音楽と東洋思想とキノコは、切っても切り離せない関係があったのだ。

＊　＊

おそらく誰もが一度は耳にしたことのあるクラシックの名曲の数々。こうした優れた音楽がつくられた背景には、さまざまな事件、出来事、ミステリーが秘められていることが多いのです。だからこそ、人の心を揺さぶる力や奥深さに満ち、何十年、何百年と、廃(すた)れることがないのでしょう。

●左記の文献等を参考にさせていただきました――

『音と言葉』芳賀檀（新潮社）／『音楽夜話―天才のパトグラフィー』五島雄一郎、『新版クラシックの名曲・名盤』宇野功芳、『ベートーヴェン〈不滅の恋人〉の謎を解く』青木やよひ、『クラシック名作を生んだ恋物語』（講談社）／『クラシック千夜一曲』宮城谷昌光（集英社）／『巨匠の肖像 ヴァーグナーからガーシュウィンへ』海老澤敏、『モーツァルト最後の年』H・C・ロビンズ・ランドン 海老澤敏訳、『大作曲家たちの履歴書』三枝成彰、『バルトーク』伊東信宏（中央公論新社）／『傑作オペラはこうしてできた』ミルトン・ブレナー（白水社）／『モーツァルト 天才の秘密』中野雄（文藝春秋）／『知識ゼロからのクラシック入門』高嶋ちさ子（幻冬舎）／『テーマ別クラシックおもしろ鑑賞事典』宮本英世、『クラシック音楽意外史』石井宏、『つべこべいわずにベートーヴェン』砂川しげひさ（東京書籍）／『恋する大作曲家たち』フリッツ・スピーグル、『音楽史ほんとうの話』『ブラームス』西原稔、『クラシック名曲ガイド１ 交響曲』『最新名曲解説全集第12巻 室内楽曲Ⅱ』『大音楽家の肖像と生涯』音楽之友社編、『名曲の意外な話』『作曲家とっておきの話』宮本英世、『大作曲家の死因を探る』エルネスト・W・ハイネ、『名曲ものがたり』『大作曲家をめぐる女性たち』志鳥栄八郎、『音楽家４０９人の肖像４ 19世紀』ガブリエーレ・ザルメン、『ブラームスの「実像」』日本ブラームス協会編、『CD名曲名盤１００／オペラ』佐川吉男、『標準音楽辞典』、『シュトラウス・ファミリー ある音楽王朝の肖像』ピーター・ケンプ 木村英二訳、『作曲家別名曲解説ライブラリー19 ベルリオーズ』、『名曲・名盤バッハ』那須田務『R・シュトラウス』安益泰・八木浩、『リヒャルト・シュトラウスの［実像］』日本リヒャルト・シュトラウス協会編（音楽之友社）／『クラシック作曲家あ・ら・かると』『クラシック音楽家ぷろむなぁど』中堂高志、『大辞林』（三省堂）／『クラシック作曲家辞典』中河原理監修（東京堂出版）／『クラシック名曲と恋』桐山秀樹・吉村祐美、『本当は聞こえていたベートーヴェンの耳』江時久（NHK出版）／『作曲家おもしろ雑学事典』萩谷由喜子、『読むだけで通になるクラシック面白エピソード』宮本英世、『知ってるようで知らない音楽おもしろ雑学事典』長田暁二、『作曲家別名曲解説ライブラリー⑰ シューベルト』音楽之友社編（ヤマハミュージックメディア）／『３日でわかるクラシック音楽』服部幸三監修（ダイヤモンド社）／『マエストロ宮本のおもしろクラシック１００』宮本英世（平凡社）／『クラシック名曲１０００聴きどころ徹底ガイド』CDジャーナル監修・編（音楽出版社）／『大作曲家の知られざる横顔』『リストからの招待状』渡邊學而（丸善）／『音楽百話』

志鳥栄八郎（総合法令）／『さわりで覚えるクラシックの名曲50選』楽書ブックス編集部編（中経出版）／『オペラの魔力』砂川稔監修（青春出版社）／『一冊でわかるクラシック音楽ガイド』後藤真理子監修、『クラシック音楽ガイド』後藤真理子監修（成美堂出版）／『オヤジのためのクラシック音楽入門』帯金充利、『モーツァルトベスト101』石井宏編（新泉社）／『オペラ・ハンドブック』オペラハンドブック編集部編（新書館）／『ふしぎクラシックこの100曲』宮本英世（インプレス）／『知られざるワーグナー』三光長治（法政大学出版局）／『マーラー　私の時代が来た』桜井健二（二見書房）／『クラシック音楽歳時記　366日の音楽史』千蔵八郎、『ベートーヴェン』門馬直美（春秋社）／『クラシック大作曲家この一曲』『キーワードで聴くクラシック大作曲家この一曲』キーワードブック編集部編、『バッハ　名曲・名盤を聴く』大角欣矢・加藤浩子編（立風書房）／『偉大なる作曲家たちのカルテ』五島雄一郎（医薬ジャーナル社）／『評伝チェリビダッケ』クラウス・ヴァイラー（春秋社）／『ブラームス伝説』高田昌彦（鳥影社）／『音楽エピソード面白全集』武川寛海、『ピアノの歴史』パウル・ローレンツ　田畑智世枝訳（芸術現代社）／『究極！　クラシックのツボ』『絶対！　クラシックのキモ』許光俊（青弓社）／『ショスタコーヴィチ　ある生涯』ローレル・E・ファーイ　藤岡啓介／佐々木千恵（アルファベータ）／『楽聖物語』野村あらえびす（電波新聞社）

KAWADE
夢文庫

[クラシック]
名曲謎解きミステリー

二〇〇七年二月一日　初版発行

著者…………夢プロジェクト[編]

企画・編集……夢の設計社
東京都新宿区山吹町二六一〒162-0801
☎〇三―三二六七―七八五一(編集)

発行者…………若森繁男

発行所…………河出書房新社
東京都渋谷区千駄ヶ谷二―三二―二〒151-0051
☎〇三―三四〇四―一二〇一(営業)
http://www.kawade.co.jp/

装幀…………川上成夫+千葉いずみ

印刷・製本……中央精版印刷株式会社

組版…………イールプランニング

Printed in Japan ISBN978-4-309-49640-5

定価はカバーに表示してあります。落丁本・乱丁本はおとりかえいたします。